neu**kirche**ner

Reinhold Bernhardt (Hg.)

Alltagstheologie

Glauben im Alltag junger Pfarrerinnen und Pfarrer

Neukirchener

© 1993
Neukirchener Verlag des Erziehungsvereins GmbH,
Neukirchen-Vluyn
Alle Rechte vorbehalten
Umschlaggestaltung: Klaus Detjen
Druckvorlage: Reinhold Bernhardt
Gesamtherstellung: Breklumer Druckerei Manfred Siegel KG
Printed in Germany – ISBN 3-7887-1460-3

Die Deutsche Bibliothek – CIP-Einheitsaufnahme

Alltagstheologie: Glauben im Alltag junger Pfarrerinnen und Pfarrer /Reinhold Bernhardt (Hg.). – Neukirchen-Vluyn: Neukirchener, 1993
ISBN 3-7887-1460-3
NE: Bernhardt, Reinhold [Hrsg.]

Inhalt

7 *Reinhold Bernhardt*
Einleitung: Theologie von unten

12 *Joachim Kunstmann*
Ich kann das Wort so hoch unmöglich schätzen

18 *Barbara Kündiger*
Zachäus
oder: Wie das Wort lebendig wurde

24 *Fanny Dethloff-Schimmer*
Ich glaube den lebendigen Gott

31 *Thies Gundlach*
»... von dort wird er kommen, zu richten die Lebenden und die Toten«

37 *Axel-Werner Köckert*
Kreativität

40 *Hans-Georg Hentschel*
Von der unmöglichen Möglichkeit des Dankes

45 *Matthias Hoof*
Der *ausgefallene* Reformationsgottesdienst

50 *Friedemann Jung*
Auf der Suche nach einer neuen Gemeinde

58 *Rainer Holl*
Begrenzt gläubig

63 *Gabriele Herbst*
Aus-Zug

69 *Matthias Schlicht*
Gott-Suche in der U-Bahn

73 *Ralf Hoburg*
"Ich lasse dich nicht, du segnest mich denn ..."

77 *Thomas Weiß*
Ismail und die Singhs
oder: Fremde erfahren

82 *Kerstin Eppinger*
Der Schrei

88 *Peter W.*
Anonymus Orkus

94 *Annette Bohley*
Den Tod einkreisen

99 *Stefan Claaß*
Wohin des Wegs?

104 *Christel Gottwals*
Und der Himmel öffnet sich

109 Vorstellung der Autorinnen und Autoren

Reinhold Bernhardt

Einleitung: Theologie von unten

Akademische Theologie, persönlicher Glaube und Alltagserfahrung werden von nicht wenigen Christen wie drei aufeinander ausgerichtete Brückenköpfe empfunden, zwischen denen die Brücke fehlt. Das mag nicht zuletzt an den Brückenköpfen selbst und an der schwierigen Statik des zu errichtenden Bauwerks zwischen ihnen liegen. Besonders die Universitätstheologie wird dafür verantwortlich gemacht. Man bezichtigt sie der Erfahrungsvergessenheit oder wirft ihr vor, Erfahrungen für ihre Systembildungen zu vereinnahmen, anstatt ihrer eigentlichen Aufgabe gerecht zu werden: der Wirklichkeit auf den Grund zu gehen, um sie von dorther ebenso realistisch wie kritisch in den Blick zu nehmen, d.h. sich der real existierenden Erfahrungswelt auszuliefern, um aufzudecken, wie sie ist und wie sie von Gott her sein soll. Eine plausible theologische Wirklichkeitsdeutung und -kritik habe sie zu leisten, die Christen orientieren und Nichtchristen wenigstens aufhorchen lassen könnte.
Damit würde sie all jene unterstützen, die täglich neu vor der Aufgabe stehen, die christliche Überlieferung mit gegenwärtiger Alltagserfahrung zu vermitteln: Pfarrerinnen und Pfarrer, Lehrerinnen und Lehrer, Gemeindepädagoginnen und Gemeindepädagogen, ErzieherInnen und Erzieher, Kirchenvorsteherinnen und Kirchenvorsteher, ehrenamtliche Mitarbeiterinnen und Mitarbeiter. Doch gerade aus dem Kreis der kirchlichen Mitarbeiter ist der Vorwurf zu hören, die Universitätstheologie sei "autistisch", auf sich selbst bezogen und in sich verkrümmt, sie schreibe in einer für Außenstehende längst nicht mehr nachvollziehbaren Sprache nur noch fort, was die theologischen Väter, Groß- und Urgroßväter geschrieben hätten, und entferne sich dabei immer weiter

vom gelebten Leben innerhalb und erst recht außerhalb der Christengemeinden. Blutleere Schreibtischtheologie! So pauschal (und vielen Universitätstheologen gegenüber ganz sicher ungerecht) diese Vorwürfe auch sein mögen - daß sie erhoben werden, gibt zu denken.

In diesem Buch soll der Versuch gemacht werden, die Brücke nicht von der theologischen Lehre zur Erfahrung, sondern umgekehrt von der Erfahrung zur theologischen Reflexion zu schlagen. Die einzelnen Autorinnen und Autoren tun das auf ihre je eigene und von den anderen verschiedene Weise. Es sind Pfarrerinnen und Pfarrer. Denn Pfarrerinnen und Pfarrer stehen immer wieder vor genau dieser Aufgabe, auf die sie an der Universität oft nur unzureichend vorbereitet worden sind: vor der Aufgabe der Vermittlung von theologischer Tradition und gegenwärtiger Erfahrung, vor der Aufgabe der theologischen Erfahrungsdeutung. Als theologische "Praktiker" leben und arbeiten sie im Spannungsfeld von kirchlicher Bekenntnisverpflichtung, akademischer Theologie, neuzeitlich säkularem Zeitgeist und den Erfordernissen der alltäglichen Wirklichkeitsbewältigung. Wie integrieren sie diese Anforderungen in ihr Glaubensdenken und Glaubensleben?
Daß es in erster Linie (aber nicht ausschließlich) *jüngere* Pfarrerinnen und Pfarrer sind, die ich zur Mitarbeit an diesem Projekt eingeladen habe, erklärt sich aus der Unterstellung, daß bei ihnen die Wechselbeziehung zwischen Erfahrung und Theologie noch nicht in Routinen geronnen ist. Die Bekanntschaft mit der Universitätstheologie liegt noch nicht lange zurück, und viele Erfahrungen sind neu und aufregend. Daß diese Unterstellung durch vieltausend Gegenbeispiele zu widerlegen wäre, gebe ich gerne zu - und hoffe es sogar.
Nicht darum, theologische Themen zu entfalten und sie dann auf die Praxis anzuwenden, geht es also in diesem Band, sondern um die Entstehung, Veränderung, Entdeckung und Wiederentdeckung theologischer Gedanken aus Lebenssituationen heraus. Um die Frage: Wie prägt Erfahrung Theologie. Und auch umgekehrt: Wie prägt Theologie Erfahrung und ihre Verarbeitung. Wo in ih-

rem Leben und in ihrer Arbeit - so habe ich die Autoren und Autorinnen gefragt - werden Erinnerungen an biblische Überlieferungen und theologische Gedanken wach, die dann deutend und richtungweisend neue Impulse geben? Wo provozieren Alltagserfahrungen theologische Überlegungen, die dann wieder auf diese oder andere Erfahrungen zurückwirken?

Theologie im Alltag von Theologinnen und Theologen, eine Theologie nicht nur für den Sonntag, sondern auch für den Werktag und *aus dem Werktag heraus* soll sich in den folgenden Beiträgen darstellen - ausschnitthaft, konkret und in narrativer Form. Nicht *Theologie von oben*, so wie man sie an der Universität lernt, als Untersuchung und Auslegung von biblischen und theologiegeschichtlichen Texten, sondern *Theologie von unten*, erwachsen aus dem Kontext des konkreten Lebens. So wie lebendige Theologie immer entstanden ist.

Exemplarische Einblicke in theologische Lebensgeschichten und *lebensgeschichtliche Theologien* kann es nur im Plural unausgleichbarer Verschiedenheit geben - entsprechend der Mannigfaltigkeit menschlicher Persönlichkeiten, Lebenssituationen und Erfahrungen. Daraus erklärt sich auch die bunte Vielfalt in Form und Inhalt der zusammengestellten Texte. Einige gehen von ganz persönlichen Erlebnissen aus, andere von Begebenheiten, die sich im Rahmen der Gemeindearbeit zugetragen haben. Manche machen die Pfarrerinnen- und Pfarrerrolle und Aspekte der Gemeindearbeit selbst zum Thema. In den einen bleiben theologische *Gedanken* im Hintergrund (wo sie aber nicht weniger wirksam sind), andere gehen gerade von solchen Gedanken aus und zeichnen die Spuren nach, die sie im Leben hinterlassen haben.

Theologische Erfahrungen und Erfahrungstheologien werden nicht immer problemlos nachvollziehbar sein können, weil sie nicht allgemeingültig, sondern an persönliches Erleben gebunden sind. Nur von ihrem jeweiligen "Sitz im Leben" her lassen sie sich verstehen. Einfühlungsvermögen ist gefordert.

Theologie im hermeneutischen Zirkel der Alltagserfahrung kann nicht gut zu intellektuellen Höhenflügen auf-

steigen. In ihrer Bereitschaft, sich der Banalität des Lebens zu stellen, liegt ihre Bedeutsamkeit. Zu ihrem Ausdruck wird sie sich eher der Prosa des Alltags als der Poesie kirchlicher Verkündigungsprache bedienen, wie es bei den folgenden Texten der Fall ist.
Theologie aus der Mitte des Lebens heraus wird sich immer neu bestimmen müssen. In der Übernahme traditioneller Bekenntnisformulierungen und theologischer Lehrmeinungen kann sie sich nicht erschöpfen - doch wird sie schöpfen aus diesem Vorrat. Oder eher umgekehrt: Ausgelöst von der eigenen Erfahrung oder der Reflexion darauf werden bisher tote oder totgeglaubte Fragmente dieser Traditionsbestände plötzlich wieder lebendig, indem sie einem einfallen: Einfälle. Der eigenen Erfahrung vergleichbare Erfahrungen und Ausdrucksmöglichkeiten zur Deutung und Verarbeitung dieser Erfahrung in oder hinter den althergebrachten Bekenntnissen melden sich zu Wort. Indem sie aktualisiert und auf die eigene Situation bezogen werden, verändern und erneuern sie sich in ihrer Bedeutung. Ihre Wahrheit haben solche "neuen" Glaubensbekenntnisse nicht allein in der Übereinstimmung mit ihrem klassischen Urbild, sondern in der Kraft, mit der sie sich in der Gegenwart bewähren. Sie werden wahr-genommen und können sich darin bewahrheiten. Indem die *Tradition* zur Deutung der Gegenwart neu entdeckt und darin relevant wird, erscheint die *Gegenwart* - in den Horizont der Überlieferung gestellt - in neuem Licht. *Ihre* Relevanz steht in Frage, nicht die der überlieferten Texte. Daß dem Suchen nach dieser Relevanz ein Finden begegnet, das sich nicht mehr der eigenen Suchanstrengung verdankt, ist Hoffnung und Erfahrung vieler Christen. Dabei muß es nicht verwundern und auch nicht beunruhigen, wenn der weitaus größte Teil des christlichen Überlieferungsangebots (noch) unentdeckt im Verborgenen bleibt. Immer wieder wird es vorkommen, daß bislang Verschüttetes überraschend ans Licht bricht.

Ich stelle diese Vorüberlegungen den Beiträgen voran, um mein Interesse an diesem Projekt offenzulegen. Doch möchte ich die nun folgenden Texte nicht diesem Programm unterstellen, so als ob sie es lediglich auszuführen und zu demonstrieren hätten. Jeder der einzelnen Beiträge steht für sich selbst - nicht für meine Konzeption. So mag sich auch der Leser und die Leserin frei fühlen, sich von den Texten je auf seine/ihre eigene Weise anregen zu lassen.

Dieses Buch ist für alle kirchennahen und -fernen Christen, Nicht-, Noch-nicht- und Nicht-mehr-Christen bestimmt, die Pfarrerinnen und Pfarrern einmal ins Herz schauen wollen. Sie können entdecken, wie erfahrungsnah und lebensschwer, wie selbstkritisch und humorvoll, wie kreativ und offen, beweglich und daher bewegend *Theologie von unten* sein kann.

Den Autorinnen und Autoren möchte ich Dank sagen für ihre Bereitschaft, sich auf dieses Projekt einzulassen, und vor allem für die Offenheit, mit der sie den Lesern Einblick in ihr Leben und Arbeiten und dessen theologische Hinterbühnen gewährt haben. Dank gebührt auch allen, die bei der Texterfassung und der Erstellung der Druckvorlage geholfen haben.

Joachim Kunstmann

Ich kann das Wort so hoch unmöglich schätzen

Es war schrecklich. Der Gottesdienst war lang, die Kirche war kalt, und meine Nase lief. Wenn man vierzehn Jahre alt ist, denkt man nicht unbedingt daran, sich ein Taschentuch einzustecken. Also schniefte ich vor mich hin. Solange, bis der Junge neben mir sich meiner erbarmte und mir sein Stofftaschentuch borgte. Ich sehe sein Gesicht noch genau vor mir: ein mitleidiges Lächeln, so schien mir. Ich war peinlich berührt und sehr erleichtert.
So habe ich meine Konfirmation erlebt. Allenfalls noch die hohen Wände der hellen, barocken Stadtkirche haben sich mir eingeprägt; und die Tatsache auch, daß wir Jungen auf der rechten Seite vorn im Altarraum saßen, den Blicken der restlichen Gemeinde ausgesetzt, und die Mädchen drüben auf der anderen Seite. Von der Predigt jedenfalls weiß ich nichts mehr.
Wenn ich heute die Eltern meiner Konfirmanden frage, was sie von ihrem Konfirmationsgottesdienst behalten haben, kommen ähnliche Erinnerungen zutage: eine eingerüstete Kirche, ein schwitzender Pfarrer, Gewitterregen vor der Kirche, ein Stolperschritt auf dem Weg zum Altar. Wer aber weiß noch einen Gedanken von der Konfirmationspredigt? Niemand. Durchweg Fehlanzeige. Was "hängen" bleibt, ist das Szenarium und die eigenen Gefühle; die Atmosphäre, das "Drumherum" - nicht aber das, was man gemeinhin das Wort Gottes nennt. Dabei gilt die Predigt des Wortes Gottes in unserer protestantischen Kirche als das entscheidende Merkmal. Wie reimt sich das zusammen? Wie reimt sich das auch damit zusammen, daß wir Pfarrer einen Großteil unserer Arbeitszeit auf die Vorbereitung der sonntäglichen Predigt verwenden?

In meinem theologischen Studium habe ich gelernt, daß das Wort Gottes Zentrum christlichen Glaubens ist. "Im Anfang war das Wort" - so steht's geschrieben in der Heiligen Schrift, am Beginn des Johannes-Evangeliums. Martin Luther hat das "sola scriptura" - allein durch die Schrift! - eindrucksvoll auf die Fahnen der Reformation geschrieben. Das war ein theologisches Programm: nicht Wallfahrten, Ablaßhandel, Verehrung von Reliquien oder sonst irgendein frommes Tun führt uns zum Glauben, sondern: Der Glaube kommt aus dem Wort Gottes selbst - wie es geschrieben steht in der Bibel, und wie es verkündigt wird durch die berufenen Diener des Wortes. Mit einer Formulierung des Römerbriefes, Kapitel 10, Vers 17: "Es kommt der Glaube aus der Predigt, das Predigen aber durch das Wort Christi." So wurde denn die Predigt das Markenzeichen der protestantischen Tradition. Und das gilt bis heute. Karl Barth etwa, der einflußreichste Vertreter der evangelischen Theologie in diesem Jahrhundert, hat eine ausdrückliche "Wort-Gottes-Theologie" entwickelt. Und seine dickbändige Dogmatik, in der er seine theologischen Aussagen zusammenfaßt, liest sich wie eine einzige gewaltige Predigt.
Als ich mein Erstes Theologisches Examen ablegte, hatte ich das deutliche Gefühl, den Kopf zwar voll, "Herz und Bauch" aber weitgehend leer zu haben. Das mag Examenskandidaten anderer Fächer ähnlich ergehen; und für das Studium an der Universität muß das kopflastige Wort wohl das entscheidende - vielleicht das einzige - Medium sein. Aber ob für den Glauben gut ist, was für die Universität notwendig ist?
Ich erinnere an den frechen (oder sollte man annehmen: resignierten?) Satz des *Faust* aus Goethes bekanntem Drama: "Ich kann das Wort so hoch unmöglich schätzen!" - ausgesprochen just in jener Szene, in der Faust den bereits zitierten ersten Satz aus dem Johannes-Evangelium vor sich hat: "Im Anfang war das Wort." Faust unterbricht sich sofort. Er hatte es halt auch mal mit der Bibel versuchen wollen - da stößt er auf diesen dubiosen Ausdruck "Wort". Das kann doch nicht alles sein! Wörter? Gerede letztlich? Faust probiert es mit anderen Begriffen: "Im Anfang war die Kraft!" Das klingt schon

plausibler: Jedermann weiß, wie wichtig eine ausreichende Lebensenergie ist, Vitalität, wie man heute sagen würde. Oder sollte nicht stehen: "Im Anfang war die Tat!?" Schließlich soll etwas passieren in seinem Leben! Offensichtlich ist das "Wort" so wichtig nicht, wie die Theologen meinen. Meine Konfirmanden, die sonntags im Gottesdienst sitzen - oder auch nicht -, würden mir das bestätigen. Zumindest gilt: Das Wort trifft nicht den ganzen Menschen. Und was ich von meiner eigenen Konfirmation berichtet habe, ließe sich ohne Mühe auch auf eine Firmung oder auf den ganz normalen Sonntagsgottesdienst übertragen.

Die Kirche des Wortes lebt heute in einer Zeit, in der für viele die New-Age-Bewegung oder okkulte Phänomene interessanter geworden sind als eine Predigt. Denn da wird weniger geredet, dafür mehr gefühlt. Und das ist weitaus spannender als Verkündigung. Wer nicht sehr viel Routine mit dem Kirchgang hat (und ein Konfirmand hat die nicht), der wird den Gottesdienst mit seiner Predigt als fremd und unverständlich empfinden. Das Wort "predigen" hat im alltäglichen Sprachgebrauch längst eine negative Note erhalten. In einer Zeit der Massenmedien ist die Wortflut allemal ziemlich groß. Wer mag da noch konzentriert einer Predigt zuhören? Die Bilder im Fernsehen sind bunter und wechseln schneller, erfordern also auch weniger Aufmerksamkeit. Und die Freiheit, tun und lassen zu können, was man selbst für richtig hält, ist längst ein Gemeinplatz. Man läßt sich nicht gerne anpredigen. Noch dazu, wenn es dabei steif zugeht, nach Ideologien riecht und gar einschneidende Änderungen in der eigenen Lebensführung erwartet werden. So predigen wir Pfarrer denn einen Kreis von unverdrossenen kirchlichen Insidern an. Wer zur Kirche kommt, bringt seinen Glauben schon mit, kennt sich aus und erwartet in der Regel wenig. Wen wundert's, wenn die Kirchen nicht voller werden.

Liegt es daran, daß viele meiner Berufskollegen so müde auf mich wirken, so innovationsscheu, manchmal neurotisch? Angetreten sind sie mit dem Ideal, Verkünder des Wortes Gottes zu sein, und wohl auch mit der unbewußten Erwartung einer entsprechenden sozialen Würdigung. Nun predigen sie - und keiner will mehr so richtig hinhören. Mag sein, daß die Predigt ihren hohen Stellenwert und Sinn hatte in einer Zeit, in der das Christentum der allgemein verbindliche und von allen akzeptierte Lebenshintergrund war. Aber heute? Was ist zu tun? Sollen wir aufhören zu predigen und die Wort-Gottes-Dogmatiken in den Ofen werfen? Sicher nicht! Es wäre ja keine gute Lösung, einfach fallen zu lassen, was wir nicht mehr sofort verstehen. Allerdings muß etwas Neues in der Kirche geschehen. Das Wort Gottes soll uns in veränderter und zeitgemäßer Form erreichen. Und diese neue Form wäre an die Seite der alten zu stellen. Wohlgemerkt: An die Seite, nicht an ihre Stelle. Denn Verschiedenes - Althergebrachtes und Modernes - kann gleichzeitig und nebeneinander wahr und gültig sein. Andersherum und salopp gesagt: Nicht immer nur der letzte Schrei hat recht - allerdings hat er *auch* recht. Das ist übrigens ein Grundgedanke der postmodernen Philosophie, von der man hier, wie ich meine, viel lernen kann. Einfacher macht das die Sache nicht, gewiß; wohl aber spannender.

Und es heißt: Die Kirche soll festhalten an ihrem alten Prinzip "sola scriptura". Die Bibel zeigt mir, daß ich keine verkrampften Anstrengungen zu unternehmen brauche, um geliebt zu werden. Ich bin schon geliebt von Gott. Und wenn ich Zuspruch brauche, dann muß ich mir den auch zusprechen lassen, wort-wörtlich - etwa durch ein tröstendes Psalmwort. "Das Wort des Heils kannst du dir nicht selber sagen." Freilich - und das ist nun ganz entscheidend - gilt auch die andere Seite: die Tatsache nämlich, daß viele Menschen heute mit dem Stil der gottesdienstlichen Verkündigung nichts mehr anfangen können. Das gilt es ernst zu nehmen. Die Kirche wäre schlecht beraten, wollte sie die Menschen mit ihren verschiedenartigen Erfahrungen, Glaubensweisen und Fragen allesamt wieder auf den sonntäglichen Gottesdienst verpflichten. Leider tut sie das meinem Empfinden nach weitgehend, ohne sich dessen ganz bewußt zu sein.

Dieser Gedankengang hat nun auch für die Auffassung vom "Wort Gottes" eine wichtige Bedeutung. Er zeigt, daß die Predigt immer nur ein sehr kleiner Ausschnitt sein kann von dem, was Wort Gottes ist. Außerdem kommt es nicht nur darauf an, *daß* gepredigt wird, sondern *wie*. Ein biblischer Satz, ebenfalls vom Beginn des Johannes-Evangeliums, hätte das die Theologen längst lehren können. "Das Wort ward Fleisch", heißt es da. Das Wort Gottes erschöpft sich nicht in Wortschwällen und Rhetorik. Es hat (in der Person Jesu Christi) Fleisch angenommen - ist Geste, Ausdruck, Wärme, Ereignis, Anschauung, Person geworden.

Eine Feststellung der Kommunikationstheorie kann das noch einmal unterstreichen. Man unterscheidet da eine "Sachebene" von einer "Beziehungsebene". Die Sachebene meint den Inhalt einer Aussage. Die Beziehungsebene meint den Tonfall, die Gefühlslage, das, was "mitschwingt" bei einer Aussage. Und diese letztere Ebene ist in vielen Fällen die wichtigere. Wenn beispielsweise ein Pfarrer in donnernden Worten eine Osterpredigt hält, muß er damit rechnen, daß eher der Donner seiner Worte im Gedächtnis seiner Hörer hängenbleibt als die Botschaft von der Auferstehung.

Wahrscheinlich liegt es daran, daß in der Theologie die Zeit der großen Wort-Gottes-Dogmatiken vorbei ist: Wir sehen allmählich ein, daß dort immer nur auf der Sachebene gehandelt wurde, nie auf der Beziehungsebene. Kein Wunder demnach, wenn man dem großen Karl Barth, dem Theologen der gewaltigen Worte, vorgehalten hat, er werfe den Menschen das Evangelium wie einen Stein an den Kopf. Wort Gottes aber ist Beziehung stiftendes Wort! Deshalb ist ganz entscheidend, in welchem Tonfall, in welcher Atmosphäre und in welchem Gestus es gesagt wird. Im Hebräischen heißt der Begriff "Wort" gleichzeitig auch "Ereignis"! Wo also das Wort Gottes nicht als Ereignis verstanden wird, da wird immer nur die *eine* Hälfte gesagt - und zwar die trockenere Hälfte.

Konsequenz? Ich halte meinen Konfirmanden"unterricht" oft im privaten Wohnzimmer ab. Immer wieder sitzen wir zusammen in unserer Kapelle und schweigen, setzen uns dem Raum des Heiligen aus. Wir spielen miteinander. Das alles ist Verkündigung und Wirkung des Wortes

Gottes. Gott spricht nicht nur durch die sonntägliche Predigt. Er spricht durch jede Aufmerksamkeit, die wir erfahren, durch Zärtlichkeit, durch Räume, Stimmungen und durch den Wind in den Bäumen. Gottes Wort hat eine ganz intime Seite.
Den Hütern althergebrachter Frömmigkeit mag das zu weit gehen. Das sei vielleicht menschlich, werden sie einwenden, aber noch lange nicht christlich. Was unterscheidet uns als Christen da noch von anderen? Dies, werde ich antworten: Wir wissen, daß *Gott* zu uns spricht. Und wir sind darauf ansprechbar. Genau das versuche ich meinen Konfirmanden auch zu vermitteln. Ich halte das für sinnvoller als wortreiche offene Bekenntnisse. Und die Sonntagspredigt kann an dieser Stelle ihren guten, klärenden Beitrag leisten.
Die Evangelische Kirche kann und soll Kirche des Wortes Gottes bleiben. Nur: Sie muß wissen, daß Gottes Wort sich nicht nur in Wörtern ausdrückt. So wird die Zukunft der Kirche nicht darin liegen, daß sie wortreich vor sich hinpredigt, sondern darin, daß sie Gottes Wort so sagt, daß es verstanden wird; daß sie auf die Beziehungsebene achtet, die für Gott selbst offensichtlich so wichtig ist; daß sie Gottes Wort lebt. Das kann auf die unterschiedlichsten Arten geschehen. Das ist eine befreiende Einsicht. Und eine verheißungsvolle Aufgabe dazu! Denn die Not unserer Zeit ist groß - die Kehrseite von Individualismus und Durchsetzungsvermögen sind Einsamkeit und Lebensangst. Die Welt wartet auf Zu-Spruch im wörtlichen Sinn, sie wartet auf das *heilende* Wort Gottes.
Ich werde versuchen, am Konfirmationstag eine gute Predigt zu halten. Ich bleibe mir dabei bewußt, daß Gott nicht nur durch meine Worte sprechen wird. Er wird vielmehr in der Weise zu Wort kommen, in der sich meine Konfirmanden, jede und jeder für sich, angesprochen und ernstgenommen fühlen. Es wird die Atmosphäre der Kirche sein, die Gott verkündigt, die Handauflegung und das Kreuzeszeichen beim Segen.

Barbara Kündiger

Zachäus
oder: Wie das Wort lebendig wurde

Für einen Sonntagmorgen war es noch ziemlich früh, als ich ins klapprige Auto stieg - kurz vor acht wohl. Der Weg über die Dörfer war mir nicht ganz klar, auf's Auto nicht unbedingt Verlaß. Schließlich wollte ich auch nicht in letzter Minute erst das Ziel erreichen: ein Dorf ganz am anderen Ende des Kirchenbezirks, wo ich an diesem Sonntag - vertretungsweise - Dienst hatte.
Ich freute mich auf die Fahrt. Alle Arbeit war getan - der Gottesdienst vorbereitet im Ringbuch, die Predigt dazu noch in Kopf und Herz. Was nun noch zu tun war, war meine Sorge nicht mehr: Wie und ob das kleine, dürre Predigtwort lebendig werden sollte, lebenschaffendes Wort Gottes, das konnte ich nicht bewirken. Den Weg vom Ohr zum Herzen kennt der am besten, der dieses Herz geschaffen hat. Ihm konnte ich alles weitere getrost überlassen.
Es war einer jener Herbsttage, deren brennende Farbenpracht ich besonders liebe. So zockelte denn das Auto durch die menschenleeren Straßen, ich genoß den Sonntagsfrieden und den Augenschmaus der herbstlichen Landschaft.
Eben hatte ich die letzten Häuser hinter mir gelassen, wollte gerade etwas schneller fahren, da sah ich einen Mann am Straßenrand stehen, den Daumen in der Luft. "Pechvogel", dachte ich: "Um die Zeit kommt doch hier kein Mensch vorbei!" Ich hielt an und fragte, wohin er wollte. Sein Ziel lag auf meinem Weg. Er kannte die Gegend, das war mir recht. Der Mensch stieg ein.
Wir begrüßten einander, musterten uns gegenseitig, beide etwas erstaunt über das Vorhandensein des anderen um diese Zeit an diesem Ort. Müde und ein bißchen abgerissen sah er aus, in Lederhose und Jeansjacke. "War

auf 'ner Fete, da ist's dann zu spät geworden, aber jetzt will ich heim, mich richtig ausschlafen! Übrigens, ich bin der Tom!" sagte er. Dann, ein bißchen verlegen: "Was macht man im schwarzen Kostüm sonntags um acht in dieser Gegend?"
Das alte Auto hatte wohl vertrauenerweckend ausgesehen, die junge Frau darin auch - aber das schwarze Kostüm schien doch befremdlich und hinderte Tom offenbar daran, mich einfach zu duzen, wie er das sonst sicher getan hätte. Also gab ich zur Antwort: "Ich bin Barbara und fahre nach G. zum Gottesdienst. Das da ist meine Sonntagskluft, da kommt dann noch der Talar drüber." - "Ach, du bist ein Pope? Als Frau - seit wann gibt's denn das?" Und schon waren wir mitten im Gespräch. Tom hatte sich nie dafür interessiert, was "bei Kirchens" vor sich ging. "Nur einer von euch Kirchenleuten, der hat mir mal imponiert. Das war in Mannheim, im Knast, der Pfarrer Ding! Den hätte niemand von uns für einen Popen gehalten, so ein guter Mann war das. So ohne das ganze fromme Geschwätz, ohne lange Reden über alte Geschichten, die eh keinen mehr interessieren. Der hat einfach hingehört und gesehen und kapiert, wie's uns geht. Ohne Schmus. Und wenn er irgendwas für uns tun konnte, dann hat er's auch getan. Auf den war Verlaß!"
Tom sprach mir aus dem Herzen. Selbst noch ganz neu im Amt, konnte ich mir kaum Schlimmeres vorstellen, als diesem Klischee zu entsprechen. Leere kirchliche Floskeln sollten mir nie über die Lippen kommen! Lebendig war meine Kirche, lebendig das Wort, das sie weitertrug von Mund zu Mund, von Hand zu Hand. - Solche Lebendigkeit sollte jedermann auch mir anmerken können. Aktuell und wegweisend war die Bibel - wer hätte da irgendwelche Leerformeln nötig?
Ehe wir uns versahen, waren wir schon angekommen vor Toms Haustür. Ich wollte mich schon verabschieden, da fragte er plötzlich: "Kann ich da auch mitkommen?" Ich, verblüfft: "In den Gottesdienst? Jetzt gleich? - Aber sicher, wenn du magst!" - Also fuhren wir weiter.
Einfach freuen hätte ich mich sollen; aber nun kamen mir Zweifel. Das schwarze Kostüm, der Talar - alles,

wofür sie standen in den Augen dieses Menschen ...
Wie würde Tom sich fühlen im Gottesdienst, wo ihm alles fremd war: Musik und Lieder, Gesänge und Gebete, das Aufstehen und Hinsetzen, die ganze, seit Jahrhunderten geprägte und tradierte Form? Würde sie nicht dem Fremden wie eine der eben noch so weit verbannten Leerformeln vorkommen müssen? Würde er sich nicht ausgeschlossen fühlen, es sogar wirklich sein, der Unbekannte in der schäbigen Kleidung?
Es hatte keinen Sinn, jetzt über all das zu reden. Ich sagte nur: "Wenn du dir seltsam vorkommst in der Kirche, wenn dich vielleicht einige schräg anschauen sollten, kümmere dich nicht. Warte auf die Predigt. Eine alte Geschichte zwar. Aber trotzdem: Da kommt genau das vor."
Wir waren zeitig in G. Natürlich fiel Tom auf, als er in Ruhe durch die Kirche schlenderte und sich alles anschaute. Die Kirchendienerin grüßte ihn reserviert, sie hatte den seltsamen Menschen mit mir kommen sehen. Ein alte Frau nahm mich beiseite: "Fräuleinchen, was ist denn das für ein Mensch?" - "Den habe ich ein Wegstück mitgenommen, und nun will er mit Ihnen zusammen hier in dieser schönen Kirche Gottesdienst feiern." - "Ja, so. Aber passen Sie nur auf, Fräuleinchen, solche Leute können auch gefährlich sein, man hört doch heut' so viel ..." - War's ein kleiner Anflug von Ärger über das "Fräuleinchen" (ich bin ausgesprochen groß und stattlich und trage einen Ehering), war's, daß ich es ja hatte kommen sehen - jedenfalls konnte ich es nicht lassen, den jovial-pfarrherrlichen Ton anzuschlagen. So stimmte ich das Lied an von der Christenpflicht in der Gemeinde unseres Herrn, den Fremden freundlich und offen zu empfangen ...
Ach, ich höre noch heute meinen hohlen Ton, schäme mich, daß ich ausgerechnet in diesem Augenblick meinte, mit der Amtsautorität winken zu sollen. Warum hatte ich der alten Frau nicht schlicht meine Freude darüber mitteilen können, daß da ein Mensch ganz überraschend den Weg ins Gotteshaus gefunden hatte?
Etwas beklommen bereitete ich mich auf den Gottesdienst vor. Gut, daß noch etwas Zeit war, um zur Besin-

nung zu kommen: Allein vor Gott mit einer Predigt, die nun unvorhergesehenerweise stark genug sein mußte nicht nur für die Sonntagsgemeinde, sondern auch für Tom, für die geschulmeisterte alte Frau und, ja, auch für mich.
Mit dem ersten Orgelton geschah, was mir wunderbarerweise noch stets geschehen ist in diesem Moment: Alles wurde licht und klar, die Beklommenheit wich dem zuversichtlichen Wissen: Nun ist es Sorge eines anderen, meine Arbeit an sein Ziel zu bringen.
Der Gottesdienst hatte eine eigene Dynamik, er trug Sänger und Beter mit sich fort. Ob Tom etwas spüren konnte von seiner bergenden Kraft?
In der Predigt hörte er von Zachäus, dem Zöllner, den seine Betrügereien reich und einsam gemacht hatten. Er hörte auch, wie die Lebenssituation des Zachäus sich schlagartig umkehrte, als ein Mann namens Jesus die unerhörte Stillosigkeit beging, sich selbst samt seiner Freunde bei Zachäus zum Essen einzuladen. Da war dann ein Fest im Hause des verhaßten Gauners: am reichgedeckten Tisch ein ganzer Haufen Leute, die gerne mit ihm aßen; und die rechtschaffenen Bürger speisten diesmal verdrossen allein zu Hause. Dies einzige Mal aus der Isolation herausgeholt zu werden, war Zachäus genug. Er warf seine alte Rolle über Bord, gab ein Vielfaches zurück von dem, was er an unrechten Zöllen erhoben hatte und eroberte so seinen Platz in der Gemeinschaft zurück.
Der Gottesdienst war zu Ende. Schien es nur so, als seien die Blicke, die uns beiden beim Verlassen der Kirche folgten, weniger ausgrenzend, nachdenklicher?
Auf der Rückfahrt waren wir beide stiller. Tom sprach die Predigt an. Er hätte nicht gedacht, daß ihm so eine alte Geschichte etwas zu sagen hätte. Und doch, über all die Jahrhunderte hinweg, die hätte was ...
Er sprach nicht weiter.
Meine Gedanken wanderten durch den Morgen, erinnerten mich an die großen Töne, die ich gespuckt hatte, und wie schnell ich damit auf die Nase gefallen war. Ich dachte an die Predigt, die sich nun durch dies ganze Durcheinander einen Weg suchen mußte in die

Herzen und von dort weiter, bis in die Hände, um schließlich lebendiges Wort zu werden. So ist es unserem armseligen Reden verheißen, wenn es im Auftrag Jesu geschieht und in seinem Namen. Wenn diese Verheißung nicht wäre - ich hätte sicher bis heute nicht den Mund zu öffnen gewagt.
Langsam kehrten meine Gedanken nach Hause zurück. Daheim warteten Mann und Kind, um zu einem Familienfest nach H. zu fahren. Im nächsten Dorf würde Tom aussteigen ...
Ich stoppte vor seiner Tür, wollte mich wieder verabschieden; da sah er mich an und fragte: "Kommst du noch mit rein auf'n Tee?"
Einen Sekundenbruchteil lang werde ich wohl gezögert haben - ich weiß nur noch, daß es mir überhaupt nicht danach zumute war; vielleicht, weil es mich nun nach Hause zog oder weil am Ende doch die Warnung der alten Frau eine Spur hinterlassen hatte. Dennoch nickte ich: "Ein Tee - das ist jetzt genau das Richtige!"
So konnten neugierige Nachbarn ein schwarzes Kostüm hinter der Jeansjacke und den speckigen Lederhosen ins windschiefe alte Haus spazieren sehen. Und dann waren da Zeit und ein heißer Tee, Gespräche über Erlebtes, Schönes und Schlimmes, über Arbeit und Perspektiven, über Zukunft; da war Vertrauen. "Weißt du", sagte Tom auf einmal, "für die Leute hier im Dorf bin und bleibe ich der Knasti. Mit dem mißratenen Sohn vom Schlosser haben sie Mitleid, aber mir gehen sie aus dem Weg. Was soll ich in der Kirche? Von denen kommt auch keiner zu mir, hierher, in mein Haus. Zu dem Zachäus ist ja auch keiner von den anständigen Leuten hingegangen. Denen hat's erst einer vormachen müssen. Und das glaub' ich schon, daß das einen verändern kann, wenn man plötzlich bei sich zu Hause Besuch hat - und nicht für jede Fete wer weiß wie weit wegmuß ..."
Als ich schließlich heimwärts fuhr, spät am Vormittag, erfüllte mich eine so große Freude, daß ich sie noch immer spüre, sooft ich an diese Begegnung denke.
Und heute mischt sich noch etwas anderes hinein: Dankbar bin ich, daß etwas Unbestimmbares mich dazu bewegt hatte, Toms Einladung anzunehmen. Denn was ich

in jenem Augenblick nicht realisiert hatte, ist mir inzwischen zur Gewißheit geworden: Meine Antwort auf seine Einladung mußte für Tom die Entscheidung bedeuten über die Predigt, ob sie wahr sei oder Lüge; mehr noch: über das Wort selbst, das ihn angerührt hatte, ob es tot sei oder lebendig.
Und auch mir ist diese Einladung zum Tee zur Antwort geworden. Die Begegnung mit Tom hatte bei mir einen Stein ins Rollen gebracht. Noch am Morgen hatte ich nichtsahnend den vermeintlichen Einklang zwischen mir und meinem Auftrag genossen. Aber dann war mir Tom über den Weg gelaufen und hatte mich daran erinnert, daß alles in Frage stand - keine noch so gut vorbereitete Predigt, kein schwarzes Kostüm und kein kirchliches Amt können bewirken, daß Gottes Wort lebendig wird, daß es Menschen anrührt, bewegt, daß es Heilung bringt. Nur Gottes Geist selber kann es bewirken.
Und ich? War ich nicht im entscheidenden Augenblick unglaubwürdig geworden - als ich mit meiner aufgeplusterten Amtsautorität die alte Frau in der Kirche zum Schweigen gebracht hatte? Hatte ich damit nicht Gottes Geist gedankenlos verraten?
Aber nun hatte mich Tom eingeladen. Er hat einen Tee für uns gemacht, hat mir erzählt von sich. Er hat mich ernstgenommen, ihm war ich glaubwürdig, als Mensch und als Predigerin. So hat er mir zu einem neuen, tiefer empfundenen Einklang mit mir selbst verholfen.
Das ausgesäte Wort hatte einen seiner Wege gefunden, an uns beiden hatte es sich ereignet. *Gegenseitig* sind wir einander Zachäus gewesen *und* Jesus, nichtsahnend den komplizierten Wegen folgend, die das lebendige Wort uns führte.
Daß etwas mit uns geschehen ist, daß wir bewegt wurden, auch gegen unseren Willen, aufeinander zu, daß gelöst wurde, was Angst machte, und Vertrauen wachsen konnte - daher rührte wohl die tiefe Freude, die mein träger Geist noch nicht verstand - auf dieser Heimfahrt an einem späten Sonntagvormittag im Kraichgau mitten durch flammendes Herbstlaub.

Fanny Dethloff-Schimmer

Ich glaube den lebendigen Gott

"Und was mache ich jetzt?" fragte sie mich. Wieder ein Nachmittag zwischen Kinderlärm, einer Teekanne in der Mitte des Tisches, mit einer Tasse in der Hand. Nur einmal kurz hereinkommen wolle sie. Nun waren anderthalb Stunden vergangen und die Geschichte, die sie erzählt hatte, war keine, auf die es schnelle Antworten gab.
Nach langen Jahren war sie durch ihre Tochter auf die eigene Kindheit gestoßen worden. Längst verschüttete Erinnerungen erschütterten plötzlich ihren Alltag. Sie war von ihrem Vater mißbraucht worden.
Mir als Frau erzählt sie die Geschichte, nicht der Pastorin. Mit Kirche hat sie schon lange nichts mehr im Sinn. Ihr Vater war ein frommer Mann gewesen ...
Die schleichende Verletzung der eigenen Würde hatte Spuren hinterlassen. "Und was mache ich jetzt?" - "Ich weiß es nicht", höre ich mich sagen. Nein, ich habe weder eine Antwort noch einen hilfreichen Satz.
Manchmal wünschte ich mir solche Sätze, die einen aus der Geschichte herauskatapultieren, alles hinter einem lassen, wünschte mir einen Glauben, der verfügbar ist, der einem alles beantwortet, jede Warum-Frage verdrängt, etwas in der Hand, das einen die eigene Hilflosigkeit und Ohnmacht angesichts einer solchen Geschichte nicht spüren ließe. Nichts ist da rückgängig zu machen, und Wunden mitansehen müssen tut weh.
Der Tee in den Tassen ist inzwischen kalt geworden. Die Kinder langweilen sich und sind wieder im selben Raum wie wir. "Laß uns später weiterreden."
Zunächst sind da die Kinder, um die wir uns kümmern müssen, der Alltag, der weitergeht. Die sogenannte Normalität, die ihr Recht hat und in die wir trotz aller vorheriger Intensität zurückmüssen.

Was heißt Glauben bekennen in einer solchen Situation. Vielleicht wirklich nur das: keine vorschnellen Antworten haben und im Gespräch bleiben, aushalten und dranbleiben, obwohl alles um uns herum weitergeht: Die Kinder sind da, wollen etwas - und uns.
Es ist wenig, was ich als Frau, als Pastorin antworten kann. Kein abrufbares Glaubensbekenntnis für alle Lebenslagen, das ich ständig parat habe. Immer sind Glaubenssätze zu übersetzende Sprache. Die alten Worte des Bekenntnisses, damals, weit weg von uns in Glaubenskonflikten formuliert, werden erst dann zu unseren, wenn wir sie befragen und in unsere Situation hinein übersetzen.
Als sie gegangen ist, geht mir der letzte Satz des Glaubensbekenntnisses durch den Kopf: "Ich glaube an die Auferstehung der Toten." Einfach so ist dieser alte Satz da. Paßt er hier? Und wenn, wie paßt er in diese Situation hinein?
Ich bin mißtrauisch gegen ewig wahre Gültigkeiten. Für mich erhält Wahrheit immer in der jeweiligen Situation ihren aktuellen Sinn. Einen Sinn, der trifft, zutrifft, mich betrifft.
Der Satz ist da, wandert mit, während ich das Abendbrot zubereite und die Kinder ausziehe: Auferstehung ...
Die Gutenachtgeschichte handelt von einem Schnuffeltuch, das immer da ist und mit einem kleinen Jungen durch den Tag wandert. Abends dann schenkt es einem schöne Träume von Abenteuern, die am Tag vielleicht zu mager ausgefallen sind.
Der Glaube als Schnuffeltuch ...? Immer da, und wenn es nicht klappt, wird die Wirklichkeit schöner geträumt. Der Glaube, den ich spüre, hat damit zu tun, die Wirklichkeit ungeschönt sehen zu können.
So habe ich mich mit den Worten des Glaubensbekenntnisses immer schon schwergetan. Vielleicht sind sie darum heute auch eher als Zeugnisse kirchengeschichtlicher und für uns als biographische Entwicklungsschritte begreifbar zu machen.
Früher als Konfirmandin in einer modernen, progressiven Gemeinde war das Bekenntnis der Auferstehung klar: Es forderte zur Tat auf. Auferstehung der Toten,

das konnte nur die Überwindung der verfaulten bürgerlichen Sattheit sein, das Aufbrechen aus verrechnendem Denken, das lebendige Eintreten für Entrechtete.
Davon ist mir bis heute eine Menge geblieben. Der Glaube, den ich meine, hat nicht etwas mit einer individuellen Innerlichkeit zu tun. Und Gelassenheit ist etwas, das ich damals gelernt habe. Dabei war es keine gelassene Zeit, sondern eine des ständigen Protestes, der aufgeregten Gruppentreffen und hitzigen Debatten. Doch gibt es seither die Gelassenheit, auch anecken zu können, ohne sich zu große Gedanken um die Folgen zu machen, die einen treffen könnten. Eine Gelassenheit, die aus diesem Glauben erwachsen kann.
Der Glaube an die Auferstehung hielt sich durch. Allerdings zerbrach die Auffassung meiner Konfirmandenzeit von einer rein diesseitigen Auferstehung am wirklichen Tod. In kurzer Zeit starben Menschen, die mir wichtig waren. Da war der Tod meines Großvaters, der von unserer Familie bis zuletzt gepflegt wurde und der einsame Doppelselbstmord meiner Patentante und meines Onkels. Die Freundin war Anfang dreißig, als sie starb, die Nachhilfeschülerin fünfzehn. - Was war das für ein Gott, der dies zuließ?
Eine lange Zeit der Selbstbesinnung war gekommen. Suchend tastete ich mich in die Kirche, der ich inzwischen lange ferngeblieben war. In einer liturgischen Osternacht betete ich wieder nach langer Zeit: "Warum?" Die Taizé-Liturgie "Bleibet hier und wachet mit mir, wachet und betet" hielt mich fest, hielt mich bei diesem "Warum".
Nein, es gab keine schnellen Antworten. Trost? Vielleicht der, daß Tränen müde machen.
Zwischen Zweifel und Gewißheit liegt die Erfahrung. Für mich fügten sich viel später die gemachten Erfahrungen zu einem eigenen Lebensmuster zusammen, ergaben einen Sinn. Viel später erst. Dazwischen lag das Schweigen Gottes, der Verlust der allzu glatten Sinnzusammenhänge. Die Umsetzung der Auferstehung in den politischen Zusammenhang war richtig, solange es etwas anzupacken gab. Als es darum ging, eigenes wirkliches Leiden auszuhalten, hatte sie kaum Kraft.

Es gibt einen Tod, der keinen Sinn macht, und es gibt einen Auferstehungsglauben, der Schmerz eher verdeckt. Auf die Frage, warum Gott Leid zuläßt, gibt es keine Antwort. Sicher, viel später läßt sich da ein Weg sehen, kann ich Spuren erkennen. Aber in dem Moment selbst ist das Schweigen unerträglich und bohrend.
"Ich bin da für dich; komm, wenn es dir nicht gut geht" ist das einzige, was ich dieser Frau in dieser Situation anbieten kann. "Ich bin da und gehe mit dir. Ich kann dir nichts abnehmen, aber ich kann mit dir ausharren im Dunklen, bis sich wieder Licht einstellt. Daß es wieder Licht wird, ahne ich, auch bei dir; ich glaube es, weil ich es erfahren habe."
Was hat das nun zu tun mit der Auferstehung der Toten am Jüngsten Tag? Die Auferstehung bleibt die lebendigmachende Utopie im Hier und Jetzt - aber nicht ausschließlich darauf begrenzt, weil das den Himmel verengen würde.
Der Jüngste Tag, dieser weiterführende Glaubenssatz hat für mich mit dem Gerichtsgedanken zu tun, mit dem Richten und Urteilen über mich selbst und andere Menschen. Er hängt mit der Hoffnung auf ein Jüngstes Gericht zusammen.
"Warum habe ich mich nicht gewehrt", hatte sie am Nachmittag gefragt. "Warum habe ich all das zulassen können und solange geschwiegen?"
Mir hilft dieser alte Glaubenssatz, sich selbst nicht mehr unbarmherzig zu verdammen. Das Urteilen, so glaube ich, ist uns abgenommen. Das ist befreiend. Diese Befreiung weiterzugeben, kann bedeuten, daß ich der Frau Mut mache, sich selbst zu bejahen und die Schuld nicht bei sich zu suchen, sondern den Täter zu benennen.
Denn dieser Satz sagt für mich auch etwas über die Gerechtigkeit aus. Es gibt bei allem Leid und bei aller Ungerechtigkeit eine Gerechtigkeit, die unaufgebbar ist, der nachzueifern gut ist und die dennoch so oft nicht erfüllbar ist.
Hier gibt es einen Täter, und dennoch liebt sie ihn. Er ist ihr Vater. Da ist vieles, was sie ihm verdankt, vieles, was sie bei ihm suchte: Geborgenheit, die er mißbrauchte.

Ins Dunkle verwoben und es dennoch leugnend übersehen wir, wenn wir richten, unsere eigenen Schatten.
Egal, welchen Weg sie für sich gehen wird, ob sie schweigen wird und es mit sich ausmacht, ob sie ihren Vater anklagt - die Verletzungen bleiben; sie sind nicht rückgängig zu machen. Sie wird entscheiden müssen, was für sie gut ist. Doch ich wünsche ihr, daß sie mit diesen Verletzungen leben lernt. So schieben sich die Auferstehung und die Vergebung der Sünden für mich immer mehr zusammen: Sünde als die Trennung von Gott, vom Sinn, Abgeschnittensein von der lebenspendenden Kraft. Und umgekehrt erlebe ich die Vergebung der Sünden wie ein Aufatmen nach einer Nacht der Selbstvorwürfe. Indem ich sie glaube und ernst nehme, kann sie das Wachsen des Selbstvertrauens und den aufrechten Gang bewirken.
Die Heilung der inneren Zerrissenheit braucht Menschen, braucht Formen, Liturgie, Phantasie und Kreativität - so habe ich es damals in jener liturgischen Osternacht erfahren.
Bekenntnisse? Wünsche fallen mir eher ein: Den Mut wünsche ich mir, auf das Bekenntnis "Christus ist der Herr" einerseits nicht zu verzichten, es aber andererseits auch nicht als dogmatisches Brett vor dem Kopf solange herumzutragen, bis die Welt um einen herum an der verbohrten Lieblosigkeit eingegangen ist. Einen Glauben wünsche ich mir, der nicht in überholte Worte gestanzt ist, sondern in eine alltägliche Sprache springt und sich auf das Leben einläßt. Ich wünsche mir Gespräche, Begegnungen, in denen eigene Erfahrungen eben nicht zu Antworten oder Bekenntnissen verkommen, sondern Brücken schaffen, die gemeinsam begangen werden können. Lebendigkeit wünsche ich mir, ansteckende, aufreißende, sicher auch verunsichernde Lebendigkeit, die sich aus glaubender Gelassenheit speist.
Ich glaube an die Vergebung der Sünden, die Auferstehung der Toten und das ewige Leben. Dieser Satz kehrt wieder, als die Kinder schon im Bett liegen und das Geschirr weggeräumt ist.
Was heißt er für mich hier? Ich glaube an die Heilung, die Heilung der verletzten Frau, die Aufrichtung der ge-

krümmten Frau, die Wiederherstellung ihrer eigenen Achtung. Ich glaube an die Auferstehung der Toten, hier und jetzt, der lebenden Toten zu lebendigen Menschen. Ich glaube an eine Gerechtigkeit, die größer ist als unser Horizont, über berechtigte Wut-, Trauer- und Rachegedanken hinausreicht und der Selbstzerstörung Einhalt gebietet. Ich glaube an die Vergebung, die liebevolle Annahme der Menschen.
Weil ich das glaube, kann ich schweigend zuhören, kann ich vertrauen und den nächsten Tee aufsetzen, kann ich versuchen zu helfen und zu verstehen, gemeinsam nach Trost suchen und die Umarmung wagen.

Ich glaube
zerbrechlich
gebrochen
dennoch
glaube ich
und sehe
das verwundete Kind
die verhärmte Frau
den verletzten Mann

Ich glaube
den lebendigen Gott
der den Wunsch am Leben teilzunehmen
weckt
indem er sich austeilt
der in Menschen begegnet
die Zärtlichkeit und Ruhe spenden
die Mut wecken und keine Angst vor den Folgen haben

Ich glaube
den lebendigen Gott
der dem weinenden Kind
der ratlosen Frau
dem verwirrten Alten
begegnet

Ich glaube
die göttliche Liebe

die sich hingibt
weil sie empfangen kann
die nicht endet
obwohl alles dagegen spricht:
der unzufrieden machende Alltag,
die permanenten Sorgen
die betäubende Rastlosigkeit

Ich glaube
ein Leben
das den Tod besiegt
und nicht endet
eine Lebendigkeit
die sich verschenkt
und darum mehr wird
einen Gott
der selbst stirbt
und darum lebendig bleibt

Thies Gundlach

"... von dort wird er kommen, zu richten die Lebenden und die Toten"

Es war meine allererste Beerdigung als Vikar; der kühle, geschäftsmäßige Ton des Beerdigungsunternehmers ließ keinen Zweifel: Es ging um eine Leiche, die schon viel zu lange die Tiefkühllager blockierte. Johanna K. war vor 4 Wochen mit 72 Jahren gestorben, aber die Beerdigung konnte nicht stattfinden, weil sich weder ihr Mann noch eines ihrer vier Kinder auffinden ließ; es gab keinen Brief mit Absender, keine Hinweise auf Anschriften und Adressen der Familie; die Menschen der Sozialbehörde hatten alles Hinterlassene mehrmals durchsucht, aber es bestand offenbar seit Jahren keinerlei Kontakt mehr zum Mann und den Kindern.

Die Nachbarn und eine Sozialarbeiterin, die oft mit Frau K. zu tun hatte, erzählen mir, daß Johanna K. ein schweres Leben hat führen müssen. Schon früh begegnete sie einer Brutalität des Lebens, die viele von uns nur vom Hörensagen kennen: In Westfalen aufgewachsen, von und mit einer Stiefmutter geschlagen, wurde sie von Anfang an um die Liebe, Zuwendung und Anerkennung gebracht, die keinem Menschen ohne bleibende Schäden vorenthalten werden. Und es dauerte nicht lange, da wurde ratifiziert, was Johanna K. längst alltäglich erfahren hatte; sie wurde abgeschoben in ein Heim, weil sie störte. Wen kann es wundern, daß sie dann möglichst schnell Heirat und Ehe suchte; endlich wollte sie eine würdigere, selbständigere Form des Lebens finden. Aber auch jetzt folgte der Hoffnung die Enttäuschung auf dem Fuß: Sie hatte einen Mann geheiratet, der wenig Achtung und Respekt aufzubringen wußte, der sie schlug und nach der Geburt des vierten Kindes im Stich ließ.

Ich muß zugeben, daß ich es mir nicht einmal vorzustellen vermag, was dies bedeutet; wieviel Tapferkeit und

Arbeit, wieviel Verzicht auf sich selbst es bedeutet, im und nach dem Krieg vier Kinder mit einfacher Arbeit durchzubringen. Und wer will richten über eine Seele, die dies nur schaffte, indem sie sich verschloß vor Menschen, indem sie mißtrauisch und aggressiv um ihre Rechte zu kämpfen lernte. In unserer Welt schallt es eben doch genau so aus dem Wald heraus, wie man in ihn hereinruft, und also sind die Eigenschaften, die mir von Johanna K. berichtet wurden, ein getreues Spiegelbild ihrer Erfahrungen.
Früher war Johanna K. einmal sehr lebenswillig, offen, auch pfiffig und ein bißchen links, sie war mutig, stolz und ließ sich so schnell nicht einschüchtern, nur weil sie erst arm und später dann arm und alt war. Zum Teil verkörperte sie genau den Typ alte Frau, von dem wir Jüngeren immer schwärmen: nicht still, duldsam und dankbar für alle kleinen Gesten, die unsere Gesellschaft für Kranke und Alte übrig hat, sondern fordernd, engagiert und wild entschlossen, dem Leben die Aufmerksamkeit und Achtung abzutrotzen, die es ihr vorenthalten wollte. Aber dies alles hatte auch seinen Preis. Johanna K. konnte sehr heftig, hochfahrend und aggressiv sein; mit Unduldsamkeit forderte sie von anderen Beachtung und Aufmerksamkeit. Mit ihrer Art konnte sie einer ganzen Abteilung der Sozialbehörde auf die Nerven gehen. Sie vermochte eben nicht einzusehen, warum es das Leben nur immer draußen, bei den anderen geben sollte! Aber sie machte es sich selbst und den anderen nicht leicht mit ihrer Art; manche Nachbarn hat sie verletzt, manchen Helfer bedrängt.
Am Ende aber lebte Johanna K. viele Jahre in St. Pauli und erwarb sich dort einen wunderbaren Ruf: Mutter K. wurde sie genannt, die gute Fee der kranken Kleintiere. Sie wurde die Ferienstation für alle Tiere, deren Herrchen aus dem Milieu gerade mal wieder im Gefängnis saßen oder deren Frauchen sich ins Krankenhaus begeben mußten. Den Tieren galt ihre ganze Aufmerksamkeit und Zuwendung. Bei ihnen konnte sie nicht enttäuscht werden, hier fand sie unbedroht die Anerkennung, die ihr seit frühsten Kindertagen vorenthalten worden war. Ihr Leben endete mit einem eindrücklichen Bild für ihre

ganze Lebenshoffnung, denn in der Wohnung der toten Johanna K. fand man zehn Vögel, die frei und ohne Käfig dort mit ihr gelebt hatten. Als Kinder hatten wir manchmal diese Tag- und Nachtträume, in denen wir unserer eigenen Beerdigung zuschauen konnten; wir sahen, wie die Mutter, die Verwandten und Freunde weinend an unserem Grab standen und Abschied nahmen, während wir verborgen hinter einem Baum zuschauten. Es tat mir damals gut zu wissen, daß die anderen mich vermissen und um mich trauern würden. Natürlich habe ich dann als Erwachsener gelernt, daß diese Träume narzißtische Allmachtsphantasien sind, die Kinder aus ihrer vermeintlichen Ohnmacht heraus oft haben. Aber diese intellektuelle Einsicht änderte gar nichts daran, daß es auf mich noch heute unsagbar traurig wirkt, wenn jemand ohne Familie, ohne Anhang, gleichsam unbemerkt zu Grabe getragen wird. Gehört es nicht zur Würde eines jeden Menschen, daß um ihn auch getrauert wird?

Mir wurden bei diesen Gedanken mit einem Mal die alten, im Studium nur als Examenswissen erlernten Sätze vom christlichen Glauben an die Auferstehung Jesu und seiner Fürbitte für die Menschen vor Gott ganz anders plausibel. Wenn die alten Lehrer recht hatten mit ihrer Aussage, daß der auferstandene und zur Rechten Gottes sitzende Christus um jeden einzelnen Menschen weiß, daß jedenfalls er niemand übersieht und keinen unwichtig findet, dann würde dieser Christus jetzt um Johanna K. weinen, um die ansonsten keiner weint. Und dabei erschien es mir ganz und gar unwichtig, ob die Rede von dem auferstandenen Christus nun eine bildlich-metaphorische Redeweise war oder eine konkret-anschauliche, ob es sich um eine rational überprüfbare Aussage handelte oder um die uneinholbare Hoffnungssprache der Christen. Wie immer auch die modernen, im Studium erlernten Übersetzungen jenes alten Glaubenssatzes heißen mochten, ich wollte auf keinen Fall dieser Frau am Ende ihres Lebens mit meiner manchmal armselig rationalen Theologie auch noch den letzten Menschen wegnehmen, der um sie weinen könnte. Denn ist es nicht gleichermaßen brutal, einem Menschen andauernd die Anerken-

nung und Zuwendung zu versagen, wie ihm den Gott vorzuenthalten, von dem jedenfalls die Mütter und Väter des Glaubens meinten sagen zu können, er weine um jeden Toten dieser Erde?
Je länger ich die Beerdigungsansprache vorbereitete, desto mehr vertiefte ich mich in die Frage nach dem Ende des Lebens. Das im Konfirmandenunterricht gelernte Glaubensbekenntnis behauptet, daß Christus eines Tages kommen werde, "zu richten die Lebenden und die Toten". Am Anfang des Studiums war mir diese Aussage eigentlich ganz recht; da würden dann die Chemie- und Rüstungsbosse, die Kriegsmacher und Friedensfeinde sehen, was aus ihnen wird. Aber schon im Studium fiel mir auf, daß dieses Letzte Gericht vermutlich doch nicht so ohne weiteres meinen persönlichen Wünschen und Bewertungen entsprechen dürfte. Jetzt, in der Vorbereitung der Beerdigung, wurde mir die Brutalität klar, mit der ich damals das Gericht Gottes für meine politisch-moralischen Neigungen und Abneigungen einsetzte.
Und lag nicht genau das gleiche bei Johanna K. jetzt furchtbar nahe: Wollte man sie moralisch bewerten, dann wäre von einer aggressiven, aufmerksamkeitsfanatischen Frau zu reden, die ihre inneren Probleme unreflektiert und taktlos einfach an der Umwelt ausagiert hatte. Daß der Mensch sich seine Schatten und Fehler bewußt zu machen habe, daß er seine Übertragungen und Projektionen zu durchschauen und also für seine Umwelt keine Zumutung darzustellen habe, hatten wir ja alle im Studium gelernt. Aber was nützte dieses kluge Reden eigentlich am Grabe von Johanna K.? Was eigentlich hatten Moral und Psychologie hier zu suchen? Wer will denn die Schmerzen aufrechnen, die sie erduldete, gegen die, die sie verursachte? Wer weiß überhaupt von der Qual, die ein solch zerrissener Mensch mit ins Grab nimmt?
Für mich wurde diese Beerdigung eine elementare Erinnerung daran, daß wir Menschen und wir Theologen letztlich immer einen fremden, unerkannten Menschen zu Grabe tragen, daß niemand das Geheimnis der Person kennt, das diesen Menschen trieb und prägte und ausmachte. Mir erscheint es heute als die aufrichtigste Form

des Respektes und der Ehrung eines Toten, daß niemand ein letztes Wort spricht über ihn, daß wir das letzte Urteil dort lassen, wo es nach der Überzeugung des christlichen Glaubens hingehört: Nicht in unsere Welt, sondern in eine andere Welt, in der Christus allein das Sagen hat - wie auch immer man sich diese Welt dann ausmalen und vorstellen will.
Denn ist es letztlich nicht furchtbar gleichgültig, ob diese jenseitige Welt als "Ende aller Zeiten" oder als "das Jenseits im Diesseits" zu verstehen ist, ob man von einer Apokalypse oder einem Millennium, einem Tausendjährigen Reich des Friedens, spricht? Das Entscheidende an jenem Satz aus dem Glaubensbekenntnis ist doch, daß Christus zum Gericht kommt und also nicht wir Menschen Gericht zu halten haben. Daß allein Gott der Richter über die Lebenden und die Toten ist, dies ist keine Drohung, weder für Johanna K. noch für mich oder irgendwelche Chemiebosse, sondern echter Trost, denn damit ist klar: Der Glaube an Christi Kommen zum Gericht ist der beste Schutz vor einem Abrechnen mit einem Menschen, vor einer Beerdigung als Leistungsschau, in der Gutes und Böses fein säuberlich aufgereiht wird.
Plötzlich konnte ich mit ganz neuer Überzeugung das uralte Bekenntnis sagen, daß die Welt nicht hier am Grabe aufhört, daß sie nicht mit dem unmittelbar Sichtbaren endet, weder mit Beruf und Erfolg noch mit Beliebtheit und Freundeszahl, sondern daß unsere Welt ihre Grenze an Gott hat, jenseits der unsere Werte, unsere Moral, unsere Beurteilungen endlich ein Ende haben. Ich brauche nicht mehr zu glauben, daß wir Menschen in unserem Leben auf der Erde alles schaffen müssen, ich kann bezweifeln, daß allein der diesseitige Erfolg über Größe und Güte eines Menschen entscheidet. Weil allein Christus am Ende aller unserer Tage richtet, soll und darf keine Beerdigung ein Gericht sein, soll und darf sie nicht auch noch zu jenem unbarmherzigen Wald verkommen, aus dem nur das heraussschallt, was wir hineinrufen.
Die Beerdigung von Johanna K. wurde dann doch noch zu einer großen Überraschung; zwar tauchte weder die Familie noch ein Nachbar auf, dafür aber einige Damen und Herren aus der Sozialstation, die Frau K. in den

letzten Jahren gepflegt hatten. Die junge Generation war unter sich; der junge Vikar stand vor jungen Zivis und Sozialarbeiterinnen, und wir alle trauerten und weinten um eine Frau, mit der niemand von uns persönlich verwandt war. Ich war diesen Menschen aus der Sozialstation zutiefst dankbar, nicht nur, weil mir vor einer Beerdigung allein mit dem Organisten und dem Beerdigungsunternehmer graute, sondern vor allem, weil so die Würde dieser Toten auch in unserer Welt gewahrt blieb. Daß wir, die Fremden, die Amtspersonen, die Sozialarbeiterinnen und Zivis einsprangen und stellvertretend für die verlorene Familie Klage hielten um diese Tote, daß wir unsere Zeit, unsere Trauer und unsere Tränen einer Toten widmen, die sonst unbemerkt zu Grabe getragen worden wäre, das ließ mich glauben, daß Gott auch hier und heute bei uns seine Stellvertreter und Stellvertreterinnen findet, die einen Abglanz, eine Spiegelung jener Gnade darstellen, die uns Menschen in jener Welt vielleicht doch erwartet.

Axel-Werner Köckert

Kreativität

Kreativität ist ein Erlebnis! Auf dem Höhepunkt eines schöpferischen Durchbruchs kann - nach einer Phase intensiven Nachdenkens und notgedrungen unbefriedigenden Entwerfens - der Einblick in eine Welt gelingen, in der Klarheit herrscht: befreiende Klarheit.
In meinem Beruf als Pfarrer ist beinahe jeden Samstag bei der Predigtvorbereitung etwas schier Unmögliches gefordert: Heutige Menschen sollen durch die Auslegung eines biblischen Textes angesprochen werden. Es ist also über eine Spanne von zweitausend, dreitausend Jahren hinweg ein Anknüpfungspunkt, eine echte Gemeinsamkeit zu finden. Denn wen interessiert schon ein historisches Referat - außer mich sicher nur wenige, und auch ich selbst erwarte von einer Predigt etwas anderes. Nein, es gilt, Menschen der heutigen Zeit dazu zu verlocken, sich auf etwas einzulassen, was von ihnen scheinbar Äonen entfernt ist. Dazu braucht es Kreativität, ganz klar! Es muß ein kreativer Prozeß stattfinden, in dem ein Sprichwort zum Beispiel oder eine Metapher oder eine überzeugende Erfahrung gefunden oder ersonnen wird, die dazu hilft, den biblischen Text zu erschließen und etwas wie Zeitgenossenschaft zu entdecken: Vor Gott stehen Menschen biblischer und unserer Tage gar nicht so viel anders da!
Wenn es mir subjektiv gelingt, die "Kupplung" zu finden, mit der sich der biblische Text in unserer Wirklichkeit einklinkt, dann ist dies für mich ein solcher Augenblick der Klarheit. Und oft erfahre ich dabei, daß zuvor widerspenstige Gedanken sich "wie von selbst" zu einem Ganzen zusammenfügen und die Predigt Form gewinnt.
Charly Chaplin erlebte seine Kreativität als ein An-die-Grenze-Gehen, bei dem alles darauf ankam, die Span-

nung fast bis zum Wahnsinn auszuhalten: Dann erst war der perfekte komische Einfall gefunden. Er hat recht: Der Weg bis zum Einfall kann quälend lang sein. Dem Prozeß schöpferischen Gestaltens wohnt Schönheit und ein eigener Zauber inne. Wie die göttliche Schöpfung den "Kosmos" hervorbringt, d.h., dem griechischen Wortsinn nach, eine ästhetisch schöne Ordnung, kann menschliche Kreativität ebenso "kosmetisch" sein: Dinge oder Gedanken schöpferisch ordnen, ins Werk setzen und daran seine Freude haben. In der "Schaffensfreude" - der Freude am Schaffen und der Freude am Geschaffenen, dem das Geheimnis der Erleuchtung anhaftet - kommt dieser Zauber zum Ausdruck.

So ist der Prozeß der Evolution für mich ein reines Wunder, weil ich glaube, daß sich darin die überlegene Intelligenz spiegelt, die die Grundlage natürlicher Lebenssysteme ist. Ich gebe mich nicht zufrieden mit der Antwort, es sei eben irgendwie so entstanden. Wenn ich mit offenen Augen durch die Natur streife oder mich von einem Tierfilmer auf eine Expedition ins Tierreich mitnehmen lasse, dann bin ich Gottes Phantasie auf der Spur. Je tiefer die Naturwissenschaft in die Geheimnisse des Makro- und Mikrokosmos eindringt, desto mehr staune ich über den überwältigenden Gedankenreichtum dessen, der sich all das einfallen ließ: von der Doppelhelix der DNA, in der die Erbinformation gespeichert ist, bis zu unvorstellbar riesigen Spiralnebeln, die Milliarden von Lichtjahren von uns entfernt sind. Von der grünlich schillernden Pracht, in der das Federkleid einer Elster sich dem genauen Betrachter darbietet, bis zu den violetten Pollenhöschen der Bienen, die den Nektar von Weidenröschen eingesammelt haben: Kein Winkel der Schöpfung ist ohne schöpferischen Gedanken geworden, und d.h. ohne eine spürbare Lust an Sinn und Ordnung, aber auch am Spiel. Deshalb gibt es nichts wirklich Unscheinbares in dieser Welt. Alles, was ist, verdankt sich dem Schöpfer: Er ermöglichte seine Existenz, gab ihm Gestalt und Raum. Ja, ich glaube an die Freude des Schöpfers an dem, was seiner Kreativität und also seiner Phantasie entsprang. Und ich glaube daran, daß kreative Menschen im Akt der Kreativität Gott begegnen.

Himmel und Erde berühren einander im schöpferischen Akt. Darin ereignet sich ein Höhepunkt des Lebens. Im Augenblick der Klarheit, der bewußten Einsicht, des souveränen Entwurfs steht wahrhaftig der Himmel offen. Und ich bin davon überzeugt, daß das nicht die vereinzelte Erfahrung besonders begnadeter Menschen ist. Für alle Menschen gilt, daß sie sich erst richtig als freie und selbstbestimmte Geschöpfe erfahren, wenn sie selbst schöpferisch werden.

Zwar weiß ich, daß die wenigsten Menschen sich ihres schöpferischen Potentials bewußt sind. Gerade ihre berufliche Situation, ihr Eingespannt-Sein in einen Produktionsprozeß, verbaut ihnen oft den Weg zu solchen Einsichten.

Aber es gibt glücklicherweise auch gegenteilige Erfahrungen! Ein Handwerksmeister in einem Wasserkraftwerk sagte mir, Kreativität stecke überall in seiner Arbeit: dort etwa, wo er vor der Aufgabe steht, elektrische Schaltungen zu konzipieren und dabei möglichst wenig Material zu verbrauchen. Und so hat jede Tätigkeit ihre schöpferische Seite. Jeder, der nicht mit vorgestanzten Lösungen zufrieden ist, sondern etwas "schafft", einen Plan entwirft, seine Wohnung gestaltet, seinen Arbeitsplatz sinnvoll einrichtet, mit seinen Kindern richtig umzugehen versucht, seinem Ehepartner seine Liebe zeigen möchte - jeder bedarf des Schöpferischen: der Fähigkeit zur Imagination, zum unkonventionellen Denken und zum ungewöhnlichen Lösungsweg. Gott sei Dank: Nicht nur Künstler oder Genies sind dazu fähig, sondern jeder Mensch. Jeder kann diese Erfahrung machen:

Kreativität ist ein Erlebnis - ein Gotteserlebnis.

Hans-Georg Hentschel

Von der unmöglichen Möglichkeit des Dankes

Im Posaunenchor der Kirchengemeinde wird für das kommende Erntedankfest geübt; neben den üblichen Erntedankfestliedern auch ein noch nie gespieltes feierliches Eröffnungsstück. Das gelingt nicht. Immer wieder bricht der Dirigent ab, läßt die Stimmen einzeln üben, bittet auch schon mal den einen oder die andere, seine Notenfolge allein zu blasen. Einer der Landwirte im Chor wendet sich an den Dirigenten: "Das ist doch nichts. Was sollen wir uns hier so quälen. Wir können doch zum Eingang "Lobe den Herren" blasen." Ich sitze neben ihm und sage: "Ohne Fleiß kein Preis, Herr K. Und in diesem Falle geht es doch immerhin um den Preis Gottes zum Erntedankfest. Das muß Ihnen als Landwirt doch immer noch wichtig sein." - "Wenn es nach mir ginge, würde das Erntedankfest sowieso abgeschafft", raunzt der Bauer zurück, setzt seine Trompete ab und fragt in die Runde: "... oder, was meint Ihr dazu? Bei der Landwirtschaft kommt sowieso nichts mehr raus." Ich weiß nicht, ob es der Ärger über die großen Schwierigkeiten beim Üben des besagten Eingangsstückes ist oder ob sich jetzt eine allgemeine "Stunde der Wahrheit" anbahnt, aber immer mehr Bläser scheinen der Forderung des Herrn K. zustimmen zu wollen: "Das Erntedankfest gehört eigentlich abgeschafft." Die bekannten Schlagworte werden in die Runde geworfen. "Was ich habe, habe ich mir hart erarbeitet." - "Mir ist noch nie im Leben etwas geschenkt worden." Mir geht die Frage des Paulus durch Kopf und Herz: "Was hast du, das du nicht empfangen hast?" Ich sage das und bekomme von einem der jugendlichen Bläser, der bei mir im Konfirmandenunterricht war, zur Antwort: "Klar, daß ein Pfarrer das anders sehen muß. Aber was soll denn das Ern-

tedankfest eigentlich noch? Im Leben bekommt doch jeder das, was er verdient. Wer viel hat, mußte dafür auch viel arbeiten. Warum soll ich Gott danken, wenn ich selber viel geschafft habe." Ich werde von der Entwicklung der Diskussion überrollt, bin ärgerlich über die aufgekommene kritische Stimmung und enttäuscht, daß keiner oder keine der anderen Bläser das Erntedankfest verteidigt. So bin ich denn auch dem Chorleiter dankbar, daß er das begonnene Gespräch unbarmherzig abwürgt.
"Es ist nun mal so, daß der Posaunenchor am Erntedankfest spielt, und jetzt laßt uns Blasen. Punktum!"
In den nächsten Tagen begleitet mich die Diskussion im Chor auf meinen Wegen innerhalb der Gemeinde und im persönlichen Nachdenken. Haben die Bläser und Bläserinnen recht? Stehen nicht die Erfahrungen der alltäglichen Arbeit mit ihren Mühen und ihrem Erfolg oder Mißerfolg im Gegensatz zu einer christlichen Aufforderung zur Dankbarkeit an die Adresse Gottes?
Dankbarkeit gegenüber Gott kann nicht verordnet werden. Sie ist eingebettet in eine ganze Bewußtseinshaltung und Lebensweise. Zu ihr gehört vor der Arbeit die Bitte um gutes Gelingen, während der Arbeit die Bitte um förderliches Begleiten und nach der Arbeit der Dank. Von diesen christlichen Übungen ist heutzutage wenig geblieben. Dem guten Gelingen wird durch computergesteuerte Berechnung der optimalen Düngung nachgeholfen, und das förderliche Begleiten besteht im Spritzen von Pestiziden. Das ist nicht allein in der Landwirtschaft so, sondern im Leben ringsum. Die unterschiedlichsten "Ernten" werden nicht mehr als "Gaben Gottes" betrachtet, sondern als Lohn. Mir wird klar, daß "Ernte" als Erfahrung und Vorstellung überholt und veraltet sein muß - an ihre Stelle ist der "Lohn" getreten. Der sich einem anderen verdankende Vorgang der "Ernte" hat sich verloren in dem verdient erhaltenen Lohn für Arbeit. Klar, daß sich nicht nur der heutige Landwirt, sondern auch der Schüler oder der Arbeitnehmer in der industriellen Gesellschaft, wenn er von der Kirche zum Dank an Gott aufgefordert wird, einem schon längst verlorenen religiösen Traditionalismus ausgesetzt sieht, der ohne weiteres nicht mehr zu vermitteln ist.

Der Bitte um Gelingen, dem Gebet um förderliches Begleiten und dem an Gott gerichteten Dank entsprechen drei spezifische Erfahrungen - das ist mir in Gesprächen mit den Jugendlichen der Jugendgruppen und den Konfirmanden klargeworden.

Wir lesen gemeinsam eine Geschichte, die das Psalmwort illustrieren soll: "Danket dem Herrn, denn er ist freundlich und seine Güte währet ewiglich". In dieser Geschichte wird von einem Herrn Isjanichtsbesonderes erzählt, dessen Name daher kommt, daß er immer wieder auf staunende oder lobende Worte seiner Mitmenschen diese Antwort gibt: "Is' ja nichts besonderes." Seine Kinder sind in der Schule gut, er verdient viel Geld und alles, was er anfaßt, gelingt. Doch immer wieder kommt diese stereotype Antwort. Dagegen steht eine Frau Dankeschön, die all das, was ihr im Leben begegnet, mit Dank empfängt. Ich erwarte, daß sich die Jugendlichen gegen die Lebenshaltung des Herrn Isjanichtsbesonderes mit Frau Dankeschön identifizieren und so ein Gespräch über die Verdanktheit von guten Lebensumständen erreicht werden kann. Die Überraschung bei mir ist groß, als zwar nur zwei, aber immerhin zwei meinungsbildende Jugendliche die Frau Dankeschön als Märchenfigur deuten, den Herrn Isjanichtsbesonderes dagegen als einen Menschen, wie er in unsere Zeit paßt. Im Verlauf des Gespräches kommt klar zum Ausdruck, daß die Jugendlichen die meisten Dinge ihres Lebens auch als nichts Besonderes ansehen, sondern als wohlstandsbedingte Mitgift. Daß die Grundlagen ihres Lebens fremdverdankt sind, liegt für die meisten dieser Heranwachsenden weit außerhalb ihres Blickfeldes. Den Jugendlichen ist die Erfahrung von Mangel an für sie wichtigen Lebensstationen ebenso abgängig wie das Erleben des Staunens über Bekommenes. So wird mir klar, daß die Erfahrungen des Mangels, des Wartenkönnens und des Staunens Voraussetzungen für den aufgezeigten Dreierschritt sind: Die Erfahrung des Mangels gehört zu der Bitte um Gelingen, das Warten zu der Bitte um förderliches Gedeihen und das Staunen zum Dank.

Verglichen mit früheren Zeiten kennen wir heute die Erfahrung des Mangels in der Bundesrepublik kaum noch.

Selbst eine schwache oder schlechte Ernte setzt uns nicht der Gefahr des Hungers aus. Die ehemals lebensrelevante Bitte an Gott um eine gesegnete Ernte hat offensichtlich ihre Lebensrelevanz verloren.
Das Warten auf bestimmte Gaben ist durch das neuzeitliche Konsumangebot nicht mehr notwendig. Die Bindung an Jahreszeiten und damit die Verfügbarkeit bestimmter Gaben ist durch den weltweiten Handel aufgehoben. Wenn ich im Dezember Hunger auf frische Tomaten habe, ist es keine Schwierigkeit, sie im Handel zu bekommen. Und wenn ich im Sommer Apfelsinen möchte, ist auch dieses Bedürfnis schnell zu befriedigen. Mit dem Warten früherer Generationen auf das Reifen zu "seiner Zeit" war auch eine Vorfreude auf den Genuß der Früchte des Feldes und der Arbeit verbunden. In diese Vorfreude verwob sich dann die Bitte um förderliches Begleiten des Wachstums von seiten Gottes.
Mit dem Fehlen der Freude wird auch die Möglichkeit des Staunens genommen. Ohne die Erfahrung des Staunens aber bleibt auch das Gefühl eines nicht selbstverdankten Beschenktwerdens aus. Ich höre oft Worte der Klage, daß vieles in den alltäglichen Bezügen des menschlichen Miteinanders ohne Dank abläuft. Müttern fehlt der anerkennende Dank für ihre kleinen und großen Handgriffe, die ein geordnetes Familienleben ermöglichen. Der Ehemann bekommt geradezu mit dem Anspruch des Rechtes seine gebügelten Hemden hingelegt, und das Kind steckt wortlos seine liebevoll gemachten Schulbrote in den Ranzen. Kein Staunen und kein Dank.
Wenn ich Gott auch weiterhin als "Geber aller Gaben" und "segenspendenden Lebensunterhalter" deutlich machen will, dann muß ich nach neuen Vermittlungsmustern suchen. Ein erster wichtiger Schritt auf diesem Weg scheint mir darin zu bestehen, die Vorstellung von "Ernte" wiederzugewinnen, d.h. die vorindustriell-agrarische Bedeutung von "Ernte" so zu erweitern, daß Gott als "Geber der Gaben" auch im Zeitalter der Industrie und der industrialisierten Landwirtschaft vermittelt werden kann. Dabei will ich auf der anderen Seite vermeiden, daß Gott mit dem Gehaltsstreifen identifiziert wird. Unsere Dankbarkeit Gott gegenüber gründet nicht

im Erhalt eines angemessenen Lohnes, denn den hat sich der einzelne Mensch in der Tat durch seine Arbeit verdient. Sie gründet im Geschenk all dessen, was diese Arbeit erst möglich macht. Zu den neuen Füllungen des Wortes "Ernte" gehört die Erkenntnis, daß die Menschen zum Leben eine intakte Umwelt, gesunde Luft und genießbares Wasser brauchen. Weiter wird als Lebensbedingung der erhaltene Friede, die nicht selbstverdankte Kraft und Gesundheit und das Leben in sozialen Eingebundenheiten zu betonen sein.

"Das Erntedankfest müßte eigentlich abgeschafft werden ..." Dieser Satz hat mich in meiner persönlichen Frömmigkeit erschüttert. Ich glaube an Gott nach wie vor als "Geber aller Gaben". In meiner Predigt zum Erntedankfest werde ich gegen das Selbstverständliche reden, ich werde einer Freude das Wort reden, die sich in staunender Dankbarkeit äußert. Ich werde die klassischen Erntegaben, die traditionell zum ländlichen Erntedankfest gehören, um andere Dinge und Symbole erweitern, die man zunächst nicht mit dem Wort "Ernte" in Verbindung bringt.

Der Gottesdienst wird ein Familiengottesdienst sein, um schon damit zu zeigen, daß es an dem Erntedanktag um "ganzheitliches Wahrnehmen" der Gaben Gottes geht: Vom Kind bis zum Alten sind alle eingeladen und gemeint.

Ich werde klares, gesundes Wasser unter die Erntegaben stellen, ein Gefäß mit schwerer, guter und gesunder Muttererde und vielleicht noch den Pflänzling eines gesunden Baumes.

Auch die Liebe, die mit einem Partner verbindet, wird ein Stück nennenswerter "Ernte" sein. Ich werde die mittlere und ältere Generation auf die Kinder hinweisen, die auch gute und zukunftssichernde "Ernte" sind.

Alltägliche und selbstverständliche Dinge sollen neu als Geschenke Gottes sichtbar werden. Die Menschen, die sie gebrauchen, sollen sich als Beschenkte sehen, die Grund zum Danken haben - sowohl auf der horizontalen Ebene vom Menschen zum Menschen, als auch auf der vertikalen Ebene vom Menschen zu Gott.

Matthias Hoof

Der *ausgefallene* Reformationsgottesdienst

"Sagen Sie, Herr T., warum sind eigentlich in unserer Gemeinde in den letzten Jahren keine Reformationsgottesdienste gefeiert worden?" Der Presbyter zögert einen Augenblick mit seiner Antwort. "Ihr Vorgänger meinte einmal, man könne es den katholischen Christen am Ort nicht zumuten, daß an solch einem Tag bei uns die Glocken läuten." Die Mimik von Herrn T. läßt keinen Zweifel daran, daß es sich nicht um einen Scherz handelt. Trotzdem muß ich erst mal schmunzeln. Provokativ frage ich zurück: "Hat denn die katholische Gemeinde ihrerseits auch die Gottesdienste am unmittelbar darauffolgenden Allerheiligenfest abgesagt?" Jetzt schmunzelt auch Herr T. "Vielleicht", fahre ich fort, "sollten wir auf falsche Rücksichten verzichten".
Mich bewegte schon lange die Frage, welche Bedeutung das Reformationsfest heute hat und haben kann. Kann dieses Fest im Zeitalter der Ökumene noch im ursprünglichen Sinn als Erinnerung an die Geburtsstunde des Protestantismus gefeiert werden? Und ist in der säkularisierten Gesellschaft tatsächlich ein Bewußtsein für den Sinn dieses Festes vorhanden? Die Fragen Martin Luthers sind nicht die Fragen, die Menschen heute bewegen. Wer sorgt sich denn heute ernsthaft um seine Rechtfertigung vor Gott? Wer fühlt sich angesprochen durch die Mitteilung, daß er durch den Glauben vorbehaltlos vor Gott gerecht und gut dastehen darf?
Kann man sich helfen, indem man die Frage nach der eigenen "Rechtfertigung" aktualisiert zur Frage nach dem Sinn des Lebens? Der Mensch sucht den Sinn seiner Existenz vor allem in seiner Leistung. Dem würde die befreiende Erkenntnis entgegengesetzt, daß das Leben allein von Gott seinen Sinn empfängt. Oder soll man

"Rechtfertigung" auf das Leiden in der Welt beziehen und sagen: Weil Gott selbst in der Passion Jesu Christi gelitten hat, erweist er seine Gerechtigkeit auch und gerade dem leidenden Menschen.

Diese Versuche einer Neuinterpretation der reformatorischen Erkenntnisse mögen das theologische Gespräch über Reformation und Rechtfertigung bereichert haben. Zu einer überzeugenden Wiederbelebung des reformatorischen Impulses in den Kirchen und Gemeinden haben sie nicht geführt. Eine Antwort auf die Frage, was Reformation heute bedeuten könnte, kann am ehesten im Gespräch mit den Menschen unserer Zeit gefunden werden.

Wahrscheinlich würden auch in Zukunft in unserer Gemeinde keine Reformationsgottesdienste gefeiert werden, wenn nicht etwas passiert wäre, was ich kaum für möglich gehalten hätte: Etwa drei Wochen vor dem Reformationstag ruft mich der Pfarrer der katholischen Gemeinde unseres Ortes an. Wir kennen uns bis dahin kaum. "Ist es möglich, daß wir in diesem Jahr einen gemeinsamen Gottesdienst am Reformationstag feiern?" Ich bin ziemlich überrascht über diese Frage. Spontan möchte ich am liebsten sofort zusagen. Aber da kommen auch gleich Bedenken: Wird dieser Gottesdienst in der Gemeinde Zustimmung finden? Wird das Presbyterium damit einverstanden sein? "Ich finde Ihren Vorschlag sehr gut", antworte ich, "aber ich muß erst mal Rücksprache mit einigen Presbytern halten" - nicht zuletzt, um meine eigenen Bedenken auszuräumen.

Die Presbyterinnen und Presbyter sind sofort aufgeschlossen, einige sogar begeistert. So kann ich mich mit meinen kritischen Fragen gelassener auseinandersetzen: ein ökumenischer Reformationsgottesdienst - eigentlich eine gute Idee. Aber: Führt sich ein solches Vorhaben nicht selbst ad absurdum? Gerät dabei nicht das ursprüngliche - katholizismuskritische - Anliegen der Reformation ganz aus dem Blick? Feiern wir dann also nicht eher einen Anti-Reformationsgottesdienst?

Ein aus Vertretern beider Gemeinden gebildeter Arbeitskreis trifft sich zweimal zur Vorbereitung. Wir sind erstaunt über die gute Zusammenarbeit. Dann ist es soweit.

Als wir die Kirche betreten, trauen wir unseren Augen nicht: Die Kirche ist voll.
Im Mittelpunkt des Gottesdienstes steht eine Dialogpredigt über Jesaja 62,6.7.10-12: "Baut, ja baut eine Straße, und räumt die Steine beiseite! Stellt ein Zeichen auf für die Völker!" Ich frage: Wo liegen denn die Steine auf dem Weg, der unsere beiden Kirchen zueinander führen könnte? Was trennt uns heute eigentlich noch voneinander? Der Kollege antwortet: Es gibt nach wie vor noch deutliche Differenzen, vor allem was das Verständnis des Abendmahls und der Eucharistie betrifft. Ich frage weiter: Ist es nicht vor allem das Verständnis vom Amt des Pfarrers oder Priesters, was von Ihrer Seite aus als trennend angesehen wird? Mein Dialogpartner erklärt: Der wichtigste Unterschied zum evangelischen Amtsverständnis liegt in der Berufung auf die ununterbrochene Kette in der Übertragung des Amtes seit der Zeit des Neuen Testaments.
Es ist uns beiden wichtig, zunächst das Trennende zwischen unseren Kirchen zu benennen. Aber dabei wollen wir nicht stehenbleiben. "Wir sind in den letzten Jahrzehnten miteinander ins Gespräch gekommen", sage ich. "Und auch bei uns ist in den letzten Jahren einiges in Bewegung gekommen", ergänzt der Kollege. "So gibt es seit einigen Jahren ein Formular für die gemeinsame Trauung konfessionsverschiedener Paare."
An dieser Stelle spüre ich ein deutliches Unbehagen. Mir wird bewußt, wie herzlich wenig wir eigentlich an Verbindendem bisher vorzuweisen haben. Im Moment scheint es eher, als sollte die Ökumene besonders von katholischer Seite auf dem jetzigen Stand eingefroren werden. Ich möchte den Kollegen am liebsten fragen, ob nicht gerade in den letzten Jahren unter dem jetzigen Papst wieder eine gegenläufige Tendenz eingetreten sei. Wahrscheinlich hätte das unser einigermaßen diplomatisch geführtes Gespräch sehr belebt. Andererseits zeigt ja gerade unser Beispiel, daß an der Basis der katholischen Kirche oft wesentlich größere Offenheit besteht als in Spitzenämtern und Gremien.
Zum Schluß unserer Predigt fragen wir nach dem Auftrag der Kirche in der Welt und in dieser Zeit. Der

katholische Pfarrer meint: "Ich sehe vor allem die wichtige Aufgabe, heutigen Menschen den Weg zu einem sinnerfüllten Leben im Glauben zu ebnen." Mir ist es wichtig, auf die Herausforderung der Kirche angesichts der immer deutlicher hervortretenden Überlebenskrise der Menschheit hinzuweisen. "Gerade darum kommt es darauf an", sage ich, "die Hindernisse und Stolpersteine auf dem Weg zueinander und miteinander beiseite zu räumen."

Wenn es uns gelingen würde, mit einer Stimme zu sprechen, dann würden die Menschen dem sicher mehr Beachtung schenken. Aber dazu müssen wir bereit sein zur eigenen Erneuerung. Als Kirche sind wir nur dann anziehend für andere, wenn wir uns immer wieder der erneuernden Kraft Gottes aussetzen.

Genau das aber ist das Grundanliegen von Reformation: Eine erneuerte Kirche, die offen ist für das Wirken Gottes an ihr und durch sie. Eine Kirche, die bereit ist, um der Menschen willen aus verkrusteten Strukturen und Traditionen herauszutreten, um zum Glauben einzuladen. Eine solche Erneuerung tut der evangelischen Kirche genauso not wie der katholischen. Reformation ist darum ein Geschehen, das die Kirche als ganze betrifft. Darin liegt für mich die ökumenische Dimension dieses Reformationsgottesdienstes.

"Aber viele Steine liegen noch auf dem Weg der Ökumene", wendet der katholische Kollege ein, "Steine der gegenseitigen Abgrenzung, Berührungsängste, Steine dogmatischer Enge, Steine des mangelnden Verständnisses für einander."

"'Zeichen für die Völker' können wir aber nur sein, wenn es uns gelingt, möglichst viele dieser Steine aus dem Weg zu räumen. Während wir immer noch konfessionell denken, nimmt die drohende Katastrophe für diese Welt immer mehr Gestalt an. Jetzt käme es doch darauf an, daß wir gemeinsam aufrufen zur Umkehr von dem Weg, der in den Untergang führen wird. Ein Wort, das die Welt nicht mehr überhören kann, muß ein gemeinsames Wort sein. So, meine ich, können wir als Kirche zu einem Zeichen für die Völker werden. Darum gilt es, den konziliaren Prozeß im Ringen um Frieden,

Gerechtigkeit und die Bewahrung der Schöpfung auf allen Ebenen kirchlichen Lebens voranzutreiben."
Während sich die Kirchen auf der institutionellen Ebene wieder weiter voneinander entfernen, müssen wir an der Basis, also in den Gemeinden vor Ort um so energischer konkrete Schritte aufeinander zugehen und uns miteinander auf den Weg machen. Reformation kann nie auf eine einzelne Kirche beschränkt werden. Sie ist auch kein abgeschlossener Vorgang, sondern ein Werk des ständig neu schöpferisch wirkenden Wortes Gottes.
Mag sein, daß der Gottesdienst eine Tendenz zur Harmonisierung und zur Bagatellisierung des Trennenden hatte. Wo die eigentlichen Widerstände im ökumenischen Miteinander (gerade auf katholischer Seite) liegen, kam nicht wirklich klar heraus. Auch deshalb, weil der katholische Kollege an einigen Stellen nicht so deutlich war, wie in den vorausgegangenen Gesprächen.
Trotzdem: Wir haben ein Stück ökumenische Aufgeschlossenheit verwirklicht, die auf falsche Rücksichten verzichtet und sich wirklich für die Fragen und Anregungen der anderen Seite geöffnet hat. Dabei muß das eigene Profil keineswegs verlorengehen.
Reformation ist ein konfessionsübergreifendes Geschehen. Allein in dieser Ausrichtung kann das Reformationsfest eine Zukunft haben.

Friedemann Jung

Auf der Suche nach einer neuen Gemeinde

Aus dem Tagebuch eines klerikalen Partylöwen: Um 7.30 Uhr klingelt der Wecker. Ich eile unter die Dusche. Kaffee, ein Brötchen - die Schule erwartet mich. Und für die Schüler beginnt der Schultag heute mit einer großen Pause, in der sie schnell noch Englisch abschreiben können. Aber Hauptsache ist: Der Pfarrer ist freundlich und gibt gute Noten und hat ein Herz für Kinder. Danach ist eine Besprechung beim Herrn Dekan, wo es vor allem um Termine geht. Freundlich sein, mild lächeln, aufschreiben und sehr beschäftigt sein - und: "Um elf muß ich aber bei Frau Meier sein, die hat heute ihren Achtzigsten." Es gelingt. Um fünf nach elf klingele ich zurückhaltend an der Tür. Ein fröhliches Geburtstagsgesicht öffnet und erblickt ein noch freundlicheres Geburtstagsgratulantengesicht. "Ja, der Herr Pfarrer kommt auch! Das ist aber schön! Der Herr Bürgermeister war auch schon da und der Diakon auch! Kommen sie nur herein. Hiiilde! Das ist unser Herr Pfarrer! Schön, daß Sie da sind! Trinken Sie doch ein Schlückchen mit uns! - Ach was: einen Schoppen, so wie Sie gebaut sind!" Gegen zwölf bin ich dann wieder zu Hause, meine Frau hat das Essen nicht fertig und die Kinder sind ausgesprochen nervtötend. So fliehe ich ins Arbeitszimmer und lese schnell noch eine Predigtmeditation. Dann, beim Essen, wieder das Kindergequake, und die Frau will wissen, wie's war und was heute noch anliegt und: "Hast Du denn überhaupt kein Herz für uns?" Um 14 Uhr ist Seniorentreff - schnell mal reinschauen - "Ach schön, daß Sie auch mal wieder da sind" - und lächeln und Hände schütteln und Kaffee und Kuchen - "Aber bitte nicht so lange, um drei muß ich zur freiwilligen Feuerwehr, einen neuen Schlauch einweihen." Die Rede ist Gott se

Dank schon fertig - also fröhlich ab. Der Seniorenklub tanzt: "Der Pfarrer ist ein guter Mann, der uns viel Freude machen kann." Ernste Feuerwehrmienen, freundlich-dankbares Pfarrergesicht. Und: "Wie der Schlauch das Wasser, so bringt Christus die Gnade und das Heil" - und anschließend Bier und Brezeln und Würstchen und Hände schütteln und fröhliches St. Florians-Schmunzeln über Pfarrerswitze (natürlich gegen die Katholischen, denn die gegen die Evangelischen erzählen sie ja dem katholischen Kollegen). Um vier Uhr ist noch Gemeindehelferkaffee und schon wieder Torte und: "Vielen Dank für Ihre Mitarbeit! Wenn wir Sie nicht hätten, wo doch die Leute so gerne den Monatsgruß lesen. Ja, und daß Sie auch noch das Notopfer sammeln ..." und Hände schütteln und Seelen streicheln und Herzmassage ohne nähere Berührung. Um fünf beginnt die Feier beim Sportverein. Weinprobe mit dem Vorstand. "Und Paulus war ja wohl auch ein Sportsmann, hahaha, der hat doch auch vom Wettkampf der Christen geredet." Und einen Toast auf die körperliche Ertüchtigung und ein Gläschen und andächtig schlürfen, das ist was vom Besten, feinste Rebsorte, und wieder Torte und kameradschaftliche Elf-Freunde-müßt-ihr-sein-Fröhlichkeit. Die Kinder sind um sieben immer noch wach, und die Frau will auch aus dem Haus, aber um acht ist Versammlung des "Freundeskreises Evangelisches Gemeindehaus", ein Heimspiel, sicher, und freundlich auf die Gottesdienste hingewiesen, Kumpanenlächeln, stillschweigende Übereinkunft: "Das muß doch auch gesagt werden!" Aber immer lächeln und freundlich sein - das ist die beste Werbung und Imagepflege. Um neun dann noch den Frauenkreis belächeln: "Ja, gerne singen wir noch ein Liedchen zusammen! Wo ist denn die Gitarre?" Abendstille überall - "Halten Sie doch gleich noch die Schlußandacht" - und Luthers Abendsegen und lächelnd noch ein Glas im Stehn.

wieder einmal lächelnd
die wahrheit weggespaßt
wieder einen tag
dem leben weggestohlen

wieder einmal clown
und hinz' und kunzens narr gewesen
wieder mal
gelächelt statt geschrien

was ich zu sagen hätte
das hab ich längst und viel zu oft gesagt
so bleiben wörter auf den lippen
die zu schnell sterben
das wort darin ist tief und gut verborgen
die schrift ist kaum zu lesen an der wand

so hängen meine hände
sehr nutzlos an den armen erdenschwer
die müden füße suchen weiter
weit fort von hier
der kopf ist schwer und alt sind die gedanken
sie wissen nur den weg nach nirgendwo

Kann das Kirche sein - ein Verein zum Zwecke, jeweils auftretende Wünsche nach einer religiösen Überhöhung der gegenwärtigen privaten Situation zu befriedigen? Der Pfarrer als professioneller Sinnlieferant, der gar nichts Sinnvolles mehr zu sagen braucht, sondern bloß da sein muß?
Gemeindebeschimpfung:

ihr sagt ich soll euch mögen
und meint doch nur
ich sollt so sein wie ihr
ihr wollt daß ich euch nahe bin
und denkt doch nur
ich sollte euch hofieren
und was ihr wollt
versteckt ihr hinter anderm
und wißt noch gar nicht was ihr braucht

nun gut mit mir mögt ihr das machen
denn wenns auch weh tut
manchmal
ich halts aus

doch daß ihr gott
auf euer zwergenmaß und eure jägerzaunidylle
bringen möchtet
das kann nicht gehn

ihr meint der gott
der kleinen leute sei auch ein kleiner gott
da täuscht ihr euch
zum ersten nämlich
seid ihr kleine leute nicht
seid vielmehr gernegroße
zum zweiten brauchen kleine leute
grad einen großen gott

doch wozu sag ich das
ihr hört doch nur was ihr versteht
und kennt und immer schon gewußt

ich sollte euch nicht bloß
nach eurem munde reden
sondern sogar
nach eurem herzen sein
doch kann und will ich beides nicht
zwar hab ich auch nicht einfach recht
bloß
dieses weiß ich
und ich seh
ein kleines bißchen
über meinen tellerrand

und dieses bißchen draußen
das verzeiht ihr nie

Die Gemeinde wünscht sich einen Pfarrer, der sie liebt, wie Jesus die Sünder geliebt hat - freilich ohne daß er ihnen sagen sollte, was denn ihre Sünden sind. Er soll ihnen Sinn ansagen und dafür geradestehen, daß alles irgendwie in Ordnung ist. Doch das Evangelium verhält sich zu solcher Art Christentum wie ein Sprengsatz.
Das ist allerdings nur das eine. Denn neben solcher Zumutung an Kirche gibt es ja "in, mit und unter" dieser

Gemeinde noch eine andere: Menschen am Rande der Kirche, die nur gelegentlich auftauchen und die nicht mehr bereit sind, andere für sich denken und fühlen und fromm sein zu lassen, die aber eifrig und engagiert nach Sinn und Wahrheit und nach dem Heiligen inmitten der Welt fragen: Wie ist das eigentlich mit dem Leben und mit dem Sterben und mit Gott? Wie kommt ihr eigentlich darauf, daß der Mensch ein so grundlegender Fehler Gottes sein soll, daß dafür einer am Kreuz sterben mußte? Hat denn um alles in der Welt Jesus nicht *mehr* gebracht als nur die Vergebung der Sünden? Was war denn seine Botschaft? Hat er nicht, wenn man richtig liest, vor allem und immer wieder das Positive gelehrt: Ihr sollt vollkommen sein wie Gott? Hat er nicht gesagt, daß die selig sind, die nichts aufzuweisen haben vor Gott - also doch sicher auch keine richtige Theologie, ja, vielleicht nicht einmal einen Glauben?

Und ich finde Menschen, die leben und lieben, die das Leben lieben und die Liebe leben und die dazu keine Sündenvergebung brauchen, denen es durchaus zu wissen reicht, daß Gott sie liebt, sie geschaffen hat und daß er ihr Vater / ihre Mutter ist - auch wenn sie als Töchter und Söhne inzwischen erwachsen geworden sind?

Da erlebe ich Menschen, die können das, was Konstantin Wecker beschreibt: "Laß di falln in irgendoan Arm / und mach d'Arm auf wenn irgendwer fallt" - Menschen sind das, die Selbsterfahrung suchen, Erfahrungen mit anderen, die sich selbst immer erst richtig spüren, wenn sie das an anderen tun können.

Ich finde Menschen, die der Sucht nach dem Leben ergeben sind, die nicht bereit sind, ihr Heute für ein gedachtes Morgen dranzugeben und die gerade so meinem eigenen Ziel nahekommen: Epikur und Franziskus in einer Person, die Lust und die Freiheit von aller Lust, der Gehorsam und die Freiheit, das Leben und der Tod - und alles an seinem Platz und alles im rechten Lot und alles ineinander: Gottes Gabe und Gottes Aufgabe und unser Tun.

Von diesen Menschen lerne ich die Suche nach Erfahrung, auch Erfahrung des Glaubens, Erfahrung Gottes. Ich will spüren, daß Gott mich liebt, will erfahren, daß

er zu mir spricht, will seinen Heiligen Geist in mir zum Leben erwecken und mich leben lassen, will, kurz gesagt, die Inkarnation, Gottes Fleisch- und Menschwerdung auch in mir erfahren.
Und gerade im Umgang mit ihnen entdecke ich: Meine gelernten Antworten sind Antworten auf Fragen, die weder die Menschen um mich her noch mich selbst umtreiben. Ich will das Leben, das ich lebe, und die Theologie, die ich denke, wieder in Einklang bringen. Ich will meine alten Theologien, Kreuz und Sünde und Leid und Not und Pein und all das, was da so an Gespenstern sich rekelt, überdenken, neu denken, neu erleben und mir eine bessere Theologie er-fahren. Mit diesen Versuchen trete ich sonntags vor die Gemeinde. Und erzähle von meinen Irrfahrten durch die Gefilde der Exegese, des Denkens und Lebens und Fühlens. Sage, daß ja doch keiner mehr so recht glaube, daß wir nur Sünder seien; und fühle mich ketzerisch und erwarte Protest - und ernte Zustimmung und Lob, auch und gerade von den Frommen. Fast möchte ich meinen, ich hätte allzu rätselhaft gepredigt, es wäre schön, aber unverständlich gewesen - dann sagen sie mir, was ihnen gutgetan hat: daß das mal einer sagt, was alle denken, und daß sie spüren, daß da einer sucht und fragt wie sie. So scheint es also, daß gerade das wirkliche Fragen, das Stellen der Fragen, die ich habe, mich meiner Gemeinde nicht etwa entfremdet, sondern näherbringt.
Wohin soll das führen? - Das ist eine Frage derer, die Angst haben. Wohin das alles führt, darüber entscheidet Gott. Und ich hoffe eben, daß es sein Heiliger Geist ist, der da führt - denn dann kann das Ganze ja nicht allzu weit in die Irre führen. Und wenn doch, dann ist gerade dies eine heilsame und letztlich rettende Irre.
Natürlich macht das Angst. Vor allem Kirchenleitungen und Hierarchien, Mächten und Gewalten weltlicher und kirchlicher Art. Denn eine Kirche, die sich auf den Heiligen Geist beruft und von ihm sich Leben und Rettung erhofft, wird unregierbar.
Das aber ersehne ich mir. Eine Kirche, in der die Anarchie des Heiligen Geistes siegt und das Leben selbst, das ja wirklich chaotisch ist und das vor allem chaotisch sein

muß, soll es nicht zugrunde gehen. Und so könnte mein Weg sogar aus dem Pfarramt hinausführen - aber gewiß nicht aus dem Glauben, ja, nicht einmal aus der Kirche. Er wird aber auf jeden Fall hineinführen in mich, in die Beziehungen meines Lebens, zu mir und zu anderen, und er wird und muß ein Weg auch der Begegnung mit Gott sein - der Begegnung mit Gott nicht nur im Gebet, im Denken und Reden und Hören und Tun, sondern gerade auch in der Begegnung mit mir selbst und mit anderen Menschen.

Ich glaube
daß diese welt gottes welt ist
daß er sie gut gemacht hat
das glaube ich den amseln am morgen
dem lachen meiner frau
der freude meiner kinder

Ich glaube
daß gott einer von uns wurde
daß er die schranken überwand
zwischen sein und bloßem existieren
damit unser leben zum sein
damit unser sein zum leben werde
daß gott mensch wurde -
das glaube ich den menschen
die hoffnungslos lieben
die bedingungslos sich öffnen
und mich einlassen in ihr leben
daß wir gottes töchter und söhne sind -
das glaube ich jesus von nazareth
der - einer von uns - gott war.

Ich glaube
daß gottes geist leben schafft
inmitten auch meines todes
der dauernd gegenwärtig ist
und mich zu verschlingen droht
ich glaube es der frau die mich liebt
und denen die mit mir lachen und weinen
die mich beschimpfen und die mit mir leben.

Ich glaube
daß gott uns hält
halten wird am ende der zeiten
die vergehen müssen wie rauch
am ende der welt, die wir zugrunde richten
denn gott wird diese welt nicht verlassen
auf der er geboren wurde wie wir
gelebt hat
gestorben ist
und immer noch lebt in uns.

Rainer Holl

Begrenzt gläubig

Ich kann nicht singen.
Für einen Pfarrer ist das eine bedenkliche Einschränkung. Die Auswirkungen dieses Mangels waren in meinen Gemeinden verblüffend: Die Kirchenmusik blühte! Wenn der Pfarrer schon ausfällt, dann müssen sich andere kümmern: Mitgliederwerbung für den Kirchenchor, Nachwuchsausbildung im Posaunenchor, Notenbeschaffung und Gestaltung der Liturgie ... das machten andere. Und sie konnten es - ohne mich.
Pflichtgemäß war ich voller Lob. Aber eigentlich war ich beleidigt. Erst später spürte ich die große Erleichterung und entdeckte die Freude an dem, was andere können. Mir wurde klar, wie schädlich der Anspruch werden kann, ein tüchtiger, ein perfekter Pfarrer zu sein. Das muß man sich ständig beweisen, um ja nicht den Verdacht aufkommen zu lassen, man sei überflüssig. Einen vollen Terminkalender hält man für ein überzeugendes Argument; man nimmt sich vor, die Gemeinde "durchzubesuchen" und verspricht, für jeden immer Zeit zu haben. Man rackert sich ab - dafür müssen sie mich anerkennen und lieben. Aber das tun sie nicht: die Gemeinde nicht und die Familie schon gar nicht. Die Erwartungen werden noch größer und die Enttäuschungen auch. Irgendwann fragt man sich verzweifelt und wütend: Was soll ich denn noch alles tun!?
Genau da liegt das Problem und die Lösung: Ich kann nichts tun. Alles ist Zu-Fall, es fällt mir zu.
Es ist erstaunlich, wie lange ich als Pfarrer brauchte, um zu erkennen, was ich längst (sogar auf griechisch!) kannte: "Sorgt euch nicht ... Trachtet am ersten nach dem Reich Gottes und seiner Gerechtigkeit, so wird euch solches alles zufallen" (Mt 6).

Wenn mir wirklich "solches alles zufällt", dann bleibt mir gar nichts anderes übrig als auf "Empfang" zu gehen. Das eröffnet ganz neue Erfahrungen.
Wenn ich z.B. an gute Gespräche denke, dann waren es solche, die sich "ergeben" haben, zur richtigen Stunde, die ich nicht bestimmt hatte.
War ich nicht von vornherein überfordert, wenn zehn Patienten im Krankenhaus lagen und ich nur zwei Stunden Zeit hatte? Eigentlich unmöglich: für jeden zwölf Minuten. Was soll das? Aber es half nichts. Und so habe ich einfach angefangen. Doch dann ergab sich auf einmal ein Gespräch und ich spürte: jetzt. Dann war es wichtig, zu bleiben, und die anderen zu vergessen. Ist das nicht unverantwortlich, ungerecht? Werden sie nicht zu Recht enttäuscht sein, wenn sie hören, daß der Pfarrer im Krankenhaus war und sie nicht besucht hat, andere aber schon?
Sicher muß ich mich fragen, wen ich zuerst besuche und wen ich ans Ende der Liste setze. Aber ich muß mich auch fragen, für wen ich mich eigentlich halte. Ich kann der Einsicht nicht entgehen: Ich bin ein begrenzter Mensch.
"Und Jesus half vielen Kranken, die mit mancherlei Gebrechen beladen waren ... Und am Morgen noch vor Tag stand er auf und ging hinaus. Und er ging an eine einsame Stätte und betete dort. Als seine Jünger ihn fanden, sprachen sie zu ihm: Jedermann sucht dich. Und er sprach zu ihnen: Laßt uns anderswohin gehen in die nächsten Städte, daß ich auch dort predige; denn dazu bin ich gekommen" (Mk 1). Es ist ganz klar: Jesus schaffte es nicht, für alle da zu sein. Zur Menschwerdung Gottes gehörte die spürbare und unbefriedigende Begrenzung. Das ist für mich ein tiefer Trost und ein deutlicher Hinweis: weg von der Erfolgs- und Leistungsbilanz, hin an "einen einsamen Ort", Umschalten auf Empfang, Hinwendung zu Gott.
Man kann nicht nur rackern. Man muß aus der Tretmühle heraus, um wieder zur Besinnung zu kommen. Es könnte sonst passieren, daß wir in der täglichen Hektik untergehen und gar nicht mehr wissen, warum wir arbeiten und was wir tun. Als Jesus spürte, daß sein Maß

voll war, floh er geradezu an die einsame Stätte, um Abstand zu bekommen von all den Erwartungen und um wieder zum Wesentlichen zu finden, zu Gott. Das tun wir ihm nach, wenn wir am Sonntag zum Gottesdienst gehen. Nach einer Arbeitswoche ist die Grenze erreicht. Die Kirche bietet sich an als eine Zufluchtsstätte, wo man das Getriebe des Alltags hinter sich lassen und zur Besinnung kommen kann.

Im Gottesdienst können und müssen wir nichts "machen". Wir sind Empfänger. Gott ist schon da, vor uns und ohne uns. Seine Gegenwart wird nicht von uns bewirkt. Auch nicht von mir, dem Pfarrer. Wir kommen und setzen uns Gott aus. Und wir bekommen zu hören, was uns zunächst gar nicht gefällt: "Du bist ein begrenzter Mensch." Doch das will uns nicht entlarven, sondern befreien. Die Botschaft geht nämlich weiter: "Verblüffenderweise akzeptiert dich Gott so."

Dann könnte doch auch ich es akzeptieren, daß ich hinter den Anforderungen und Erwartungen zurückbleibe, daß meine Nächsten- und Menschenliebe eng begrenzt ist, daß ich immer wieder nach Orientierung suchen muß und oft an meine Grenzen stoße.

Als Grenzschutzpfarrer erlebe ich in meiner Gemeinde immer wieder hautnah die Konflikte zwischen gestellten Erwartungen und den eigenen Begrenzungen. Seit der Öffnung der Grenzen nach Osten versuchen Tausende aus den verschiedensten Gründen illegal nach Deutschland zu kommen. Es ist Aufgabe der BGS-Beamten, solche illegalen Grenzübertritte zu verhindern und die dabei Festgenommenen wieder zurückzuschicken. Doch hier begegnen die Beamten nicht dem "Illegalenproblem", sondern Menschen voller Hoffnungen (die sie enttäuschen müssen), voller Verzweiflung (die sie nicht unberührt läßt), und sie begegnen oft auch tiefem Haß und zu allem entschlossener Gewalttätigkeit. Immer wieder müssen sie den völlig Erschöpften erst einmal etwas Warmes zum Anziehen und etwas zu essen besorgen, ehe sie daran gehen können, die Personalien festzustellen. In der Öffentlichkeit erfahren sie dabei ein recht zwiespältiges Echo: Den einen sind sie zu lasch, die anderen sehen in ihnen mitleidlose Erfüllungsgehilfen einer

verfehlten Ausländerpolitik. Was erzählen sie zu Hause der Frau, den Kindern, wenn sie nach zwei Wochen aus dem Einsatz an der polnischen oder tschechischen Grenze zurückkommen?
Was ist Gottes Botschaft an sie? Zuerst vielleicht nur, daß sie sich den Konflikt eingestehen können, daß sie nicht vor allen bestehen können: vor denen, die hartes Durchgreifen fordern, vor denen, die sie für Unmenschen halten, vor ihrer Familie und nicht zuletzt vor sich selbst in der Zerrissenheit zwischen Pflichtgefühl, Aggression und Mitleid. Die Botschaft, daß wir auch als so begrenzte, ratlose Menschen von Gott angenommen werden, hat hier ihren Platz.
Wenn wir uns die eigene Begrenztheit nicht eingestehen und uns der gnädige Gott nicht reicht, wenn wir den gnädigen Mitmenschen suchen und ihm beweisen möchten, daß wir es schon schaffen und alle Erwartungen erfüllen, dann häufen sich die eigenen Grenzverletzungen, weil wir uns übernehmen und der Freund aller sein wollen.
Zuerst schickt Gott seine Warnungen und Mahnungen durch irdische Boten: die Ehefrau, die sich und die Kinder vernachlässigt fühlt und sich den beruflichen Frust nicht mehr aufladen läßt; den Arzt, der beim Blick auf das EKG deutliche Worte findet; die Freunde, die nicht mehr anrufen; das Unbehagen beim Anziehen des Talars oder der Uniform, auf die man einmal so stolz gewesen war ...
Wenn wir auch dann noch den Kopf einziehen und fieberhaft an unserer Vervollkommnung weiterarbeiten, folgen deutlichere Lektionen Gottes, schon mittlere Katastrophen: Ehescheidung, abrutschende Kinder, das Aufwachen im Krankenhaus.
Die Frage: Warum gerade ich?
Eine gute Frage, die uns weiterführen kann.
Wir kommen um die Antwort auf Dauer nicht herum: Ich habe meine Grenzen überschritten, weil ich mir Illusionen gemacht habe über mich selbst und meine Kräfte. Dabei bin ich erschreckend an die letzte Grenze erinnert worden: an den eigenen Tod. Um nie an ihn denken zu müssen, wollen wir mit allen Mitteln (auch den lächer-

lichsten) jung bleiben, haben wir die Friedhöfe an die Ortsränder verlegt und die Leichenwagen neutral-grau umgespritzt. Nur weil wir fürchten, der Gedanke an den Tod würde uns das Leben verdüstern, ignorieren wir diese letzte Grenze. "Herr lehre uns bedenken, daß wir sterben müssen, auf daß wir klug werden." Dieses Gebet aus dem 90. Psalm erläutert meine Grenzerfahrungen: Wenn ich akzeptiert habe, daß ich ein begrenzter Mensch bin, dann kann ich auch einwilligen, nur unfertige und unvollkommene Werke zu hinterlassen. Und auch mit einer letzten Erkenntnis kann ich dann leben: daß auch mein Glaube immer wieder an seine Grenzen stößt. Selbst beim Glauben bin ich auf die Ergänzungen Gottes angewiesen.

Die Erleuchtung, daß diese Mängel mich gerade nicht von Gott trennen, kann mich vor letztlich sinnloser Überlastung und fruchtlosem Gehetze bewahren. Ich muß nicht alle Erwartungen erfüllen. Ich kann es als Pfarrer aushalten, daß Gemeindeglieder von mir enttäuscht sind. Ich kann mir als Grenzschutzbeamter eingestehen, daß ich mit dem Gewirr aus spontanen Gefühlen und dienstlichen Pflichten nicht zu Rande kam. Ich kann damit leben, daß ich die Woche nicht so vorbereitet beginne, wie ich es vorhatte, weil ich die Kinder nicht schon wieder enttäuschen wollte.

Seltsam und schön: Wer sich mit diesen Schwächen und wackeligen Kompromissen zum gnädigen Gott flüchtet, der kann sogar für andere zum gnädigen Nächsten werden. Denn in den Grenzen des anderen (die ich völlig klar erkenne!) begegne ich den eigenen wieder.

Manchmal kann man dann miteinander herzlich lachen.

Gabriele Herbst

Aus—Zug

Lieber Florian, beinahe wäre Ihre Adresse, die Sie mir in Kassel hastig aus dem Zug reichten, dem Waschmaschinenprogramm 60°C zum Opfer gefallen. Aber Dank meiner beiden Kinder habe ich es mir angewöhnt, Jeanstaschen vor dem Reinigen zu leeren. Mit Ihrem Namen fiel mir auch unser Gespräch im Zug wieder ein.

Ich hatte den IC Hannover — Frankfurt mit dem festen Vorsatz betreten, das begonnene Buch "Der Gefühlsstau" von Maaz endlich zu Ende zu lesen. Er saß mir schräg gegenüber. Wahrscheinlich hätte ich ihn kaum wahrgenommen, wäre da nicht jenes Büchlein gewesen, das ihm in einer Kurve von den Knien rutschte. Reiner Kunze: "Auf eigene Hoffnung". Ein Gedichtbändchen, das auch ich besitze und mag. Einmal deshalb, weil sich seine Gedichte nur dem geduldigen Leser erschließen, dem Leser, der warten kann. Außerdem stammt Kunze aus dem Osten, der ehemaligen DDR, die man mir anriechen kann, wie ich ganz positiv meine. Kunze hat diese DDR 1977 verlassen müssen, weil er die dunklen Stellen, die eiternden Wunden, die Schleimspuren seines, meines Landes benennen mußte und somit nicht tragbar war für ein Land, das seine Schattenseiten verleugnen wollte. Ich erinnere mich an die Zeit, als Kunze ging. Damals war ich 31, seit drei Jahren im Pfarramt, verheiratet, eine Tochter, wohnhaft in einer Altbauwohnung in Magdeburg, kurzhaarig und kritisch.
Wie ich heute empfinde: nicht kritisch genug. Jedenfalls an Kunze und anderen gemessen. Sein Weggehen war für mich ein Verlust, wie auch das Weggehen von Sarah Kirsch, von Armin Müller-Stahl, von Eberhard Jüngel und vielen, vielen Freunden und Bekannten.

Als ihm das Büchlein von den Knien rutschte, dachte ich: Aha, ein Westdeutscher, der Ostgedichte liest. Aber gleich korrigierte ich mich: Der weiß vielleicht gar nicht, woher Kunze kommt? Und: Kann er ihn dann überhaupt verstehen? Meine Überlegungen dauerten nur einen kurzen Moment. Es ist erstaunlich, wieviel man in einem solchen Moment denken kann. Ich hob ihm jedenfalls das Büchlein auf und sagte: "Bitte!" Dann fügte ich - fast ungewollt - hinzu: "Das Buch habe ich auch."
Solche Sätze sind Grenzüberschreiter. Solche Sätze sollte man in IC Zügen gegenüber Fremden niemals äußern, jedenfalls dann nicht, wenn man gewillt ist, Gesprächen im Abteil auszuweichen.
Aber vielleicht *wollte* ich auch das Gespräch mit ihm. Fühle ich mich doch auf den Bahnstrecken in den alten Ländern immer noch fremd, immer noch ein wenig heimatlos, immer noch in der Sorge begriffen, etwas falsch zu machen, etwas Falsches zu sagen, die Riten dieses Landes nicht gut genug zu kennen. Ja, so wird es gewesen sein. Er bot sich mir eben durch seine Zuglektüre als ein Verbündeter an. Und er enttäuschte mich nicht. Er lächelte, als ich ihm das Buch reichte, schaute auf den "Maaz" in meiner Hand und fragte mich nach meiner Meinung zu diesem Buch. Im "Bücherjournal" hatte er über Maaz und seine die DDR reflektierenden Bücher gehört.
So kamen wir ins Gespräch. Es war eines jener Gespräche, das wie von selbst läuft, weil die Partner dieses Gespräch wirklich wollen und gegenseitig aufeinander neugierig sind. Er erfuhr bald, daß ich aus den neuen Ländern komme (*neue* Länder - was für ein Name!). Ich erfuhr, daß er Germanistik studierte und sich ausgesprochen stark für ostdeutsche Schriftsteller interessierte. Da letzteres auch für mich gilt, redete ich ganz unbefangen mit ihm, wohl wissend, daß ich mit diesen Schriftstellern etwas teile, was er sich immer nur wird anlesen können: die Erfahrungen ganz alltäglichen Lebens in der ehemaligen DDR. Nach einer Gesprächspause, ich glaube, wir waren gerade bei Christa Wolff angelangt, fragte er mich plötzlich nach meinem Beruf. Ich antwortete: "Pfarrerin". Er schaute kurz auf und bemerkte nur: "Ach so.

Kirche bedeutet mir nichts mehr. Ich bin ausgetreten."
Dann sah er einen Moment aus dem Fenster, und wir nahmen unser literarisches Gespräch wieder auf.

Ich weiß noch genau, daß Sie von mir wissen wollten, ob ich Christa Wolff auch heute noch für eine integere Persönlichkeit halte. Eine Frage, die ich bejahte. Aber ich muß gestehen, daß ich mit meinen Gedanken nicht richtig bei der Literatur, sondern vielmehr bei mir selbst war. Hatten Sie mich doch wie beiläufig nach meinem Beruf gefragt. Diese Frage, genau diese, hatte mir jahrelang Peinlichkeit bereitet. In meiner Kindheit hatte ich sie modifiziert als "Bist du etwa Christ?" oder "Glaubst du an Gott?" gefürchtet. Später, zur Zeit meines Theologiestudiums, waren mir oft die Hände feucht geworden, wenn mich jemand nach meiner Studienrichtung befragte. Selbst im Pfarramt war mir die Frage nach meiner Berufstätigkeit lange ein Anlaß zur Peinlichkeit gewesen.
Ich hatte lange das Gefühl, daß mich meine religiöse Denk- und Lebensweise von anderen Menschen stark isolierte. Und dieses Gefühl hatte ich auch nicht zu Unrecht. Ich bin in einem Pfarrhaus aufgewachsen, in dem es ganz selbstverständlich war, Kinder nicht zur Pionier-Organisation oder später zur FDJ zu schicken. Das bedeutete für mich als Kind ganz konkret, daß ich damit von vielen, mir verlockend erscheinenden Veranstaltungen - wie Faschingsfeiern oder eine Fahrt nach Berlin - ausgeschlossen war. Es bedeutete für mich ferner, daß manche Lehrer ihren Kirchenfrust an mir abließen und ihre Freude hatten an Sätzen wie "Vater unser, der du bist verschimmelt" oder "Meißner (so hieß ich einst), wie denken sie eigentlich über das Heine'sche 'Eiapopeia vom Himmel'?"
Noch heute sehe ich jenes junge Mädchen, das ich einmal war, schamrot auf der Schulbank sitzen, höre sein Herz rasen. Seine Schamröte empfinde ich noch heute als Schmerz. Ich fühle, wie es nach Worten sucht, die es damals nicht haben konnte. Auch nicht haben mußte. Aber das wußte es nicht.
Es fühlte sich seinem Gott gegenüber verpflichtet. Es hatte ständig Schuldgefühle gegenüber dieser Autorität,

diesem absolut Anderen. Der Vater behauptete sich für diesen Gott gegenüber dem Bürgermeister. Die Schwestern ließen sich für ihn am "schwarzen Brett" der Schule ihrer Junge-Gemeinde-Zugehörigkeit wegen beschimpfen. Sollte es ihm, dem Mädchen, dann nicht wenigstens gelingen, diesen Gott im Unterricht vor Lästerungen zu schützen?
Ich werde traurig, wenn ich es vor mir sehe, dieses Mädchen da, verkrümmt in Peinlichkeit, mit der Suche nach Argumenten, die das Verschimmeln Gottes widerlegen könnten. Und ich weiß, daß damals die Magenschmerzen begannen.
Heute frage ich mich manchmal, wieso es trotz allem dazu kam, daß ich 1965 begann, in Berlin Theologie zu studieren. Ich, der der Glaube so oft peinlich war. Ich, die ich mich von den Ansprüchen Gottes, wie ich sie damals verstand, überfordert fühlte.
Wenn ich auf diese Frage eine Antwort suche, dann fällt mir, so banal das für Sie klingen mag, die Bedeutung der Bibel für mich ein. Ich besaß als Kind nicht viele Bücher. Meine Eltern waren Kriegsflüchtlinge und gaben Geld nur für Lebensnotwendiges aus. Zum Glück zählten dazu auch einige Bücher, unter anderem eine Bibel für Kinder, in die ich mich stundenlang vertiefte.
In dieser Bibel gab es Geschichten und Bilder, die ich von ganzem Herzen ablehnte. Etwa die geplante Opferung des Isaak durch Abraham oder die Geschichte von der Sintflut, bei der ich um die vielen Untergegangenen trauerte und mich nicht so sehr am Glauben und Gehorsam eines Noah zu erfreuen vermochte. Aber daß ich diesen Geschichten so ablehnend gegenüberstand, störte mich nicht. Denn ich fand in der Bibel auch zahlreiche Geschichten, die mir Spaß machten, die meine Phantasie nährten, die Hoffnung in mir wachriefen und Angst vertrieben.
Wie sehr liebte ich die Geschichte vom Auszug des Volkes Israel aus Ägypten, dem Land der Unterdrükkung, der Schläge, der Schamröte im Gesicht. Wie gern las ich immer und immer wieder die Geschichte vom Hauptmann von Kapernaum (kennen Sie sie?), in der es heißt: Und sprich nur ein Wort, so wird meine Seele ge-

sund. Oder David und Goliath: ein Kiesel gegen einen lästernden Mächtigen (Lehrer?) ...
Ja, Florian, wenn ich mich an diese und andere Geschichten erinnere, spüre ich fest, daß sie es waren, die in mir den Wunsch weckten, Theologie zu studieren. Diese Geschichten sagten mir nämlich: Glaube ist mehr als Peinlichkeit. Glaube ist mehr, als eine Kirche zu rechtfertigen, die Gott als himmlisches Eiapopeia mißbraucht hat. Glaube ist vor allem freies Atmen, Mut zum Unangepaßtsein, Auszug aus jedweder Sklaverei ... Glaube ist auf Worte warten, die man sich selbst nicht sagen kann ... Natürlich hätte ich 1965 meine Motive zur Studienwahl noch sehr anders formuliert. Ich meine fast, daß ich zu dieser Zeit die Geschichten der Kindheit fast vergessen hatte. Sie selbst wissen ja aus der Beschäftigung mit Literatur, daß wir beim Erwachsenwerden das Deuten von Geschichten immer mehr verlernen. Sagt Jesus deshalb, daß man wohl nie eine Ahnung vom Reich Gottes bekäme, wenn man nicht wieder würde wie ein Kind?
Sicher fragen Sie sich: warum schreibt mir diese Frau dies alles. Sie gaben mir Ihre Adresse nur, weil ich Ihnen zugesagt hatte, daß ich Ihnen gern Bücher von DDR-Autoren senden würde, die es zum Teil noch sehr preiswert in unseren Buchhandlungen zu kaufen gibt.
Vielleicht will ich erreichen, daß Sie selbst noch einmal darüber nachdenken, ob Ihnen, einem Wort-empfindsamen Menschen, die Kirche wirklich nichts mehr bedeutet. Und wenn ja, warum nicht? Ich finde es so schade, daß Menschen wie Sie aus ihr auswandern, wortlos, fraglos, ohne ihre Empfindsamkeit für diese Kirche einzusetzen. Als Pfarrerin bin ich jedenfalls auf Menschen wie Sie angewiesen.
Ich bleibe in diesem sicher anfechtbaren Beruf, weil ich fest davon überzeugt bin, daß die Geschichten der Bibel es wert sind, weitererzählt und weitergedeutet zu werden. Haben Sie einmal den Aufsatz "Das mythische Element in der Literatur" von Franz Fühmann gelesen? Diesen Aufsatz empfehle ich Ihnen. Fühmann sagt darin sinngemäß, daß es Menschen geben muß, die sich die Zeit nehmen, Leben zu deuten, also auf Fragen zu antworten wie:

"Wozu bin ich auf der Welt? Warum muß ich sterben? Wieso erlebe gerade ich solches Leid?" So ein Mensch, der das mit Hilfe der biblischen Tradition versucht, möchte ich sein.

Jetzt als Bundesbürgerin fallen mir beim Lesen der Bibel manchmal Texte auf, die ich früher - in der DDR - einfach nicht wichtig fand und umgekehrt. Da denke ich, wie aktuell dieses Buch doch ist. Fahre ich etwa an einer Riesenreklame für Mineralwasser vorbei, auf der "haben, haben, haben ..." zu lesen ist, dann denke ich an Mt 16,26: Was hülfe es dem Menschen, wenn er die ganze Welt gewönne ...

Aber ich merke, jetzt verfalle ich ins Predigen. Da mache ich lieber Schluß. Geschichten erzählen ist ja doch etwas anderes.

Ich grüße Sie, Florian, die versprochenen Bücher folgen. Ihre

Matthias Schlicht

Gott-Suche in der U-Bahn

Wo kann man in Hamburg am besten Theologie studieren? In den S- und U-Bahnen.
An einem Nachmittag in der Linie U 2 zwischen den Stationen Jungfernstieg und Gänsemarkt saß ich hinten in einem Waggon, der nur mit wenigen Menschen besetzt war. Ein Mann stieg ein und blieb mitten im Gang stehen. Er war etwa 40 Jahre alt und elegant gekleidet. Als sich die Bahn in Bewegung setzte, nahm er einen Zettel aus der Tasche, faltete ihn auf, vertiefte sich in ihn und musterte daraufhin jeden einzelnen Fahrgast. Er ging den Gang entlang und schaute jedem direkt in das Gesicht, wobei er immer wieder auf den Zettel sah. Langsam kam er auch auf mich zu. Doch auch ich war wohl nicht der Gesuchte, denn nachdem er mich gemustert hatte, ließ er den Zettel sinken und drehte sich um. Auf diesen Augenblick hatte ich die ganze Zeit gewartet, denn jetzt konnte ich den Zettel von der anderen Seite sehen. Und ich sah ... nichts. Gar nichts! Der Zettel war leer, ein weißes Blatt Papier. Der Herr, der weder betrunken noch verwirrt zu sein schien, faltete ihn wieder zusammen und stieg am Gänsemarkt aus.
Bis zum heutigen Tag habe ich dieses Erlebnis nicht vergessen, erinnerte mich doch der seltsame Herr in der U-Bahn an den "tollen Menschen", von dem einst Friedrich Nietzsche erzählte. Jener tolle Mensch zündete am hellen Vormittag eine Laterne an, lief auf den Markt und rief: "Ich suche Gott!" Dabei hatte er die Suche schon längst aufgegeben, denn er war sich sicher: "Wir haben Gott getötet - ihr und ich!" Da aber niemand sowohl diese Mitteilung als auch die Aufforderung, nun selbst an Gottes Stelle zu treten, verstand, zerschmiß er seine Laterne und sagte: "Ich komme zu früh."

Hat dieser tolle Mensch in dem seltsamen Herrn aus der U-Bahn einen Nachfolger gefunden? Beide verhalten sich bei ihrer Suche reichlich merkwürdig. Der eine benutzt am hellen Tag eine Laterne, der andere sucht mit Hilfe eines leeren Zettels. Doch während der tolle Mensch mit der Überzeugung suchte, nichts zu finden, erschien mir der seltsame Mann dagegen wie ein ernsthafter Sucher, der hinter etwas Bestimmten her war. Doch was sucht man schon mit einem leeren Zettel?

Ich glaube an Gott und an die Möglichkeit, ihn zu finden, und zwar am besten mit einem leeren Zettel, d.h. mit größtmöglicher Offenheit für Zeit, Ort und Weise, wann, wo und wie Gott sich von mir entdecken läßt. Ein leerer Zettel ist bei der Gott-Suche als Hilfsmittel nützlicher als eine Beschreibung, da jedes aufgezeichnete Erkennungsmerkmal und jede fixierte Auffälligkeit bei der Suche zugleich eine Festlegung darstellt, die mich an möglichen neuen Entdeckungen vorbeigehen läßt.

Der seltsame Herr in der U-Bahn ist mir bis heute - was sein Tun angeht - ein Rätsel; doch zugleich ist er mir - was meinen Glauben angeht - ein Gleichnis. Denn ich glaube an die Möglichkeit, Gott zu finden, ohne mich auf Suchkriterien festlegen zu müssen. Ich glaube daran, weil ich der Überzeugung bin, Gott in meinem bisherigen Leben schon manches Mal erfahren zu haben.

Als ich mit meinem Studium nicht weiterkam, weil die Berufsaussichten unerträglich dunkel schienen, rief mich unerwartet ein alter Schulfreund an. Er lud mich zum Essen ein, und wir redeten von den noch gar nicht so alten Zeiten. Nachdem wir uns verabschiedet hatten, war meine tagelang währende Niedergeschlagenheit fort. Im gleichen Moment war ich fest davon überzeugt: Diesen Freund hat dir an diesem Abend Gott geschenkt. In seinem Lachen lachte Gott mir zu, durch seinen Zuspruch machte Gott mir Mut. Natürlich könnte ich mir das auch eingeredet haben. Aber daß ich mir das eingeredet haben soll, kann ich mir bis heute nicht einreden.

Oder "Schneeflocke": Als ich während des Studiums ein Praktikum in einer Justizvollzugsanstalt absolvierte, lernte ich einen der Häftlinge näher kennen. Er kam aus Ghana, und weil er schwarz wie die Nacht war, nannten ihn alle anderen Insassen - und auch die Vollzugsbeamten - "Schneeflocke". Jeden Sonntag half "Schneeflocke" als Küster beim Gottesdienst. Er läutete die Glocke, verteilte Gesangbücher und zündete die Kerzen an. Die Blumen mußten der Gefängnispastor und ich jedesmal von "draußen" mitbringen. Und jedesmal nach dem Gottesdienst bat "Schneeflocke" darum, die Blumen behalten zu dürfen. Wir waren damit einverstanden und dachten, er würde sie für sich als "Küsterlohn" behalten. Doch weit gefehlt. Wie uns die Beamten seines Flures erzählten, verteilte "Schneeflocke" die Blumen an seine Flurgenossen. Jeder bekam eine Blume und dazu ein "Gott segne dich".

Als ich diese Geschichte hörte, da dachte ich bei mir: "So also sieht Gott im Knast aus - ein kleiner, lustiger Mann aus Ghana mit Blumen in der Hand." Und als ich das nächste Mal "Schneeflocke" die Hand gab, überkam mich tatsächlich ein ehrwürdiges Gefühl.

Während ich diese Erlebnisse aufschreibe, steht mir wieder der seltsame Herr aus der U-Bahn vor Augen. Seinen leeren Zettel habe ich für mich als Zeichen größtmöglicher Offenheit bei der Suche nach Gott aufgefaßt. An Orten und in Situationen, wo ich im voraus nie mit einer Gotteserfahrung gerechnet habe, glaube ich im Nachhinein, Gott begegnet zu sein.

Doch woher kann ich die Gewißheit nehmen, daß es wirklich *Gott* gewesen ist, den ich in einem Erlebnis erfahren habe? Könnte es nicht auch ein Zufall gewesen sein oder das Schicksal oder etwas Unbewußtes? Sicherlich wird es Menschen geben, die Widerfahrnisse, die *ich* als Gotteserfahrungen empfinde, anders deuten und herleiten. Ein Gefühl - und sei es noch so evident - kann zunächst nur den Fühlenden überzeugen. Daß es *Gott* ist, den ich innerhalb vieldeutig zu erklärender Ereignisse fühle, das kann ich nur "glauben" und nicht beweisen.

Noch nicht einmal eine bestimmte Gefühlsart läßt sich benennen, in oder mit der sich Gott finden läßt. Man kann ihm in der Angst vor dem Tod oder in dem Schaudern vor dem Schicksal begegnen - oder im wortlosen Glücklichsein, das ich empfinde, wenn mir ein Mensch seine Zuneigung schenkt.

Aber: Wenn Gott sich auch in *vielen* Gefühlen entdecken lassen kann, so doch noch lange nicht in *allen*. Wo Haß und Menschenverachtung empfunden werden, wo Selbstsucht und Habgier als Gefühle handlungsleitend wirken, dort kann ich nicht von Gotteserfahrung sprechen. Der Grund, der diese Verknüpfung verbietet, ist der Grund unseres christlichen Glaubens, nämlich Jesus Christus. In ihm und seinem Tun hat Gott seine Menschenfreundlichkeit gezeigt, die sich mitten unter uns auswirken will. Gottes Menschenfreundlichkeit ist unwiderruflich. Wo menschliche Gefühle in die umgekehrte Richtung weisen, sind sie zwar immer noch vielfältig herzuleiten, nur eben nicht mehr von Gott her, der uns liebevoll entgegenkommt. Gottes liebesvolles Entgegenkommen habe ich an dem Abend mit meinem Freund gefühlt, der mich neu getröstet und gestärkt hat. Ebenso fand ich Gott im Zusammensein mit "Schneeflocke", wo mir neu die Augen geöffnet worden sind sowohl in Hinsicht auf meine Vorurteile als auch in bezug auf die Anwesenheit Gottes "im Knast".

Doch auch diese von mir beschriebenen Situationen sind keine Erkennungsmerkmale, mit denen ich auf zukünftige Gottsuche gehen will. Denn jede Fixierung auf bisher Erlebtes - mit dem Wunsch, es wieder zu erleben - wäre für mich ein Ende der Offenheit und zugleich ein Ausschluß anderer Möglichkeiten, Zeiten und Orte, Gott zu entdecken. Auf meine neuen Erlebnisse bin ich freudig gespannt. Die zurückliegenden Begebenheiten geben mir dabei das Vertrauen, auch über einen längeren Zeitraum bis zur nächsten Entdeckung zu warten, ohne gleich zu resignieren wie der "tolle Mensch" von Friedrich Nietzsche, der am Ende seine Lampe zerschmiß.

Der seltsame Herr aus der U-Bahn hat seinen leeren Zettel behalten. Sollte ich diesem Herrn noch einmal begegnen, möchte ich ihm beim Aussteigen sagen: "Alles Gute für Ihre weitere Suche. Und behalten Sie Ihre Ausdauer, wenn Sie noch nichts gefunden haben. Manchmal dauert eine Suche eben länger, aber dafür findet man vielleicht am Ende mehr, als man zuvor gesucht hat. Und - Sie werden es kaum glauben, aber sicher fühlen: In diesem 'Mehr', da kann Gott sein."

Ralf Hoburg

"Ich lasse dich nicht, du segnest mich denn ..."

Ich war unterwegs zu meinem ersten Geburtstagsbesuch. Angekommen bei dem pensionierten Steuerbeamten platzte ich mitten hinein in die gesellige Runde, die sich vormittags um 11 Uhr eingefunden hatte. Den Pastor hatte man nicht erwartet. Ehemalige Kollegen aus dem Amt und Freunde diskutierten bei Bier und Brötchen über Politik und die ganze Weltlage. Und da spürte ich zum ersten Mal die Aura, die sich einstellt, wenn der Pastor das Haus betritt. "Eine Beziehung zur Kirche hätten sie ja eigentlich nicht", hörte ich als erstes an der Tür. "Aber kommen Sie doch erst einmal herein und trinken ein Gläschen mit uns." Ein kurzer Blick, wie die Kirche von heute sich so gibt, ein paar Worte der Begrüßung, die ich mit meinem mitgebrachten Präsent und der letzten Nummer unseres Gemeindebriefes erwiderte. So jung hätten sie sich den Pastor aber nicht vorgestellt. Ich erzählte, daß ich erst seit kurzem Vikar im Ort sei und nach dem Studium sozusagen erst noch einmal in die Lehre bei einem richtigen Pfarrer gehen müßte. Und dann kam man wieder schnurstracks zum Thema, bei dem man stehengeblieben war. Es hagelte förmlich auf mich ein: "Was ich denn vom Paragraphen 218 hielte ..." und: "Wie finden Sie denn die Steuerpolitik der Regierung?" - Das wiederum hatte ich von einem Geburtstagsbesuch nicht erwartet, auch wenn mir klar war, daß dabei von Gott wahrscheinlich nur am Rande die Rede sein würde. Konnte ich bekennen, daß ich mir zumindest über die Steuerpolitik eigentlich bisher wenig Gedanken gemacht hatte? Nur ja jetzt nicht parteipolitisch werden, dachte ich und war froh, als zunächst die Frage kam: "Ein Gläschen Wein oder lieber etwas anderes?" - "Lieber einen Saft, ich muß noch Auto fahren."

Ohne darauf Rücksicht zu nehmen, daß man mir unterdessen ein belegtes Brötchen mit den wohlmeinenden Worten der Gastgeberin: "Nehmen Sie doch gleich zwei" verpaßt hatte, ging der Sturmlauf auf den Vikar weiter, und ich wurde, ohne es zu wollen, selbst zum Gesprächsthema. Nicht ich, das wurde mir schnell klar, sondern das, was man in mich hineinprojizierte: die Erwartung an die Kirche, die eigene Erinnerung oder die eigene Erfahrung mit der Kirche. Es war eben der Pastor in mir, der gefragt wurde, und der Pastor hatte, wenn er schon da war, alles zu beurteilen: die Meinungen, die Wohnung, die Menschen. "Zu meiner Zeit hat der Pfarrer uns Konfirmanden an den Ohren gezogen, wenn wir das Vaterunser nicht auswendig konnten", warf ein etwa 60jähriger Herr in die Debatte ein. "Unser Pfarrer war eigentlich ganz menschlich", erwiderte ein anderer und fügte noch an, daß er aber seither kaum mehr in der Kirche gewesen sei. "Weihnachten, ja, das gehört doch irgendwie so dazu, aber sonst: Was bringt mir eigentlich der Glaube an Gott?"
"Ja, was bringt mir der Glaube?" Diese Art des praktischen Nachdenkens über den Glauben hatte mir auf der Uni kein Professor beigebracht. Kein theologisches Buch, das ich bisher gelesen hatte, hatte so unverblümt die Frage gestellt: Was bringt der Glaube eigentlich? Und ich muß gestehen: So deutlich hatte ich bisher darüber auch noch nicht nachgedacht.
Ich empfand die Frage nach der Nützlichkeit, die im Zeitalter der Werbung so nahe liegt, als versteckte Suche nach einer Theologie, die sich wie alles, was gut und teuer ist, im täglichen Leben zu bewähren hat; wie jener vielgepriesene Allesreiniger, der die alltäglichen Ratlosigkeiten beiseite wischt. Eine Religion, die man eben benutzen oder gebrauchen kann wie ein altbewährtes Hausrezept, einen Staubsauger oder Müllschlucker. Der Gedanke machte mir Spaß. Mir wurde mit einem Mal klar, daß in der Kirche zu selten so über den Glauben nachgedacht wird. Viel zu selbstverständlich ist uns der sichere Rückzug in die gewohnten Sätze geworden: Daß wir an Jesus Christus glauben, an seinen Tod und seine Auferstehung. Aber was sagt das wirklich aus? Hilft das

den heute doch weitgehend unkirchlichen Menschen bei der Suche nach einem tragenden Grund oder einer Frömmigkeit, die dem eigenen Leben dienlich sein, über Krisen hinweghelfen, das Leben deuten und bewältigen helfen soll? - Die Frage konfrontierte mich unvermittelt mit dem Problem meiner eigenen christlichen Identität und mit meinem theologischen Selbstverständnis, das ich im Studium gefunden zu haben glaubte. "Was bringt mir der Glaube an Gott? - Wenn ich von mir reden darf, so kann ich nur sagen, er hilft mir beim Leben." Und als ob das Wort "Leben" so etwas wie einen Signalton gegeben hätte, erzählten jetzt die vorher der Kirche so kritisch gegenüber eingestellten Pensionäre und Steuerbeamten von den — sagen wir ruhig — Glaubenserfahrungen in ihrem Leben. Plötzlich war der Ton der Unterhaltung ein anderer. Beim Zuhören wurde mir mehr und mehr deutlich, daß auch sie eine religiöse Lebenshilfe kannten. Und diese kirchenferne Religion, die anders als meine erlernte Theologie zutiefst von selbst Erfahrenem, von Tradiertem und den Medien Entnommenem geprägt war, hatte ihnen wirklich geholfen! Es war die Rede von Situationen, in denen man in Bibelworten oder im Vaterunser Trost gefunden hatte. Die Erinnerung an die Bitte um Gottes Hilfe, als man nach der Flucht aus dem Osten alles verloren hatte, wurde wieder wach.
Die Beschäftigung mit religiösen Fragen hatte hier in der persönlichen Not ihren Ort, sie entsprang nicht einer intellektuellen Suche, sondern einer existentiellen Notwendigkeit. Meine Theologie war steril, ein Gebäude von Gedankenkonstruktionen. Ich hielt bei meinem Glauben an Begriffen fest, diese Menschen aber hatten wirklichen Trost erfahren durch ihren nicht auf eine theologische Formel zu bringenden Glauben.
Und als die Gastgeberin so eher beiläufig davon sprach, daß das alte Sprichwort stimme: "Not lehrt beten", da entstand für einige Sekunden Stille, und es schien mir, als sei damit schon längst die Frage nach dem Nutzen des Glaubens ohne viele Worte beantwortet. Die Antwort lag mitten drin in solchen Erfahrungen.
Während der ganzen Zeit meines Zuhörens empfand ich die unausgesprochene Erwartung, der Pastor möge die

erzählten Lebenserfahrungen bestätigen. Und sei es auch nur durch seine Anwesenheit, still zuhörend, mitbetend, mitweinend oder mitklagend. Und ich dachte an den biblischen Satz aus 1. Mose, als Jakob sagte: "Ich lasse dich nicht, Du segnest mich denn." Als Pfarrer Anwalt dieser Lebensgeschichten zu sein, Glaubenserfahrungen neben der theologisch sanktionierten Dogmatik überhaupt erst einmal wahrzunehmen, sie als Ausdruck religiöser Erfahrung positiv zu würdigen - das ist mir dabei wichtig geworden. Dieses Anerkennen der Lebenserfahrungen nenne ich seither für mich selbst "segnendes Handeln". Und weil sich besonders bei Hausbesuchen die Gelegenheit dazu bietet, glaube ich sagen zu dürfen, daß auf dem Hausbesuch des Pfarrers ein besonderer Segen liegt.

Seither begegnete mir die Frage, was denn der Glaube an Gott für einen Nutzen habe, noch dutzendmal. Von Schülerinnen und Schülern, bei Krankenhausbesuchen und neulich erst wieder in der Erwachsenenbildung. Wozu nützt also der Glaube? Ich sage: zum Leben! Genauer gesagt: zur Annahme des Lebens aus der Hand Gottes. Sein eigenes Leben in seiner Beschränktheit annehmen zu lernen und ihm einen Sinn zuschreiben zu können, auch wenn es nicht so verläuft wie geplant - darin liegt die Antwort auf die Frage nach dem Nutzen des Glaubens. Für mich heißt das, im Hören dieser Lebensgeschichten das große "Dennoch" des Wirkens Gottes wahrzunehmen, die gemachten Erfahrungen als Ausdruck eines Glaubens an die Hoffnung im Leben, die in Christus gründet, verstehen zu lernen.

Mein Glaube, der sich auf die Sätze des Glaubensbekenntnisses stützt, daß Gott Mensch geworden, in Jesus Christus gekreuzigt worden und gestorben ist, hat durch diese Einsicht mehr Farbe und Leben bekommen, weil nicht mehr die Lehre, sondern die Praxis der Rechtfertigung im Zentrum steht: segnend viele unterschiedliche Dimensionen von Gotteserfahrungen im Leben der Menschen zu erkennen und anzuerkennen. Im Bewußtsein, daß Gott es ist, der den Menschen Lebenssinn gewährt. Und in der Erinnerung an Jesus, der sagt: "Dein Glaube hat dir geholfen."

Thomas Weiß

Ismail und die Singhs
oder: Fremde erfahren

Ismail hieß früher einmal Frank, da war er noch Christ, katholischer. Zwei Jahre ungefähr, bevor ich ihn kennenlernte, hatte Ismail sich zum Islam bekehrt und seinen neuen Namen angenommen; zum Zeichen, daß mit dem Wechsel seines Glaubens auch sein Leben ganz anders geworden sei. Ismail muß einen schweren Weg gegangen sein, durch viele Zweifel an seiner Christlichkeit und an seiner Kirche hindurch. Er habe im Christsein zuletzt nicht mehr gefunden, erzählte er mir an einem unserer langen Abende, was er sehnsüchtig gesucht hatte: klare Weisungen für das gerechte Handeln, eine klare Vorstellung von dem einen Gott.

Ismail war mir in einer islamwissenschaftlichen Vorlesung aufgefallen, weil er - mir gingen schier die Augen über - seine Mitschriften auf Arabisch führte: Er wollte diese "schönste Sprache" Allahs von Grund auf lernen, er wollte darin leben. Wir fanden Interesse aneinander: der Theologe am ehemaligen Christen, der Muslim an einem Theologen, der für den Islam offen war. Es läßt sich leicht denken, wieviel Ablehnung Ismail zuvor von Christen erfahren hatte. Über die Grenzen unserer Religionen hinweg wurden wir Bekannte und Freunde. Nach dem Studium hielten wir noch Kontakt.

Immer wieder lud Ismail mich ein in seine kleine Moschee, zu seinen türkischen, muslimischen Freunden, deren Kindern er Koranunterricht gab. Ismail war fromm, er betete mit Inbrunst, mit vorbehaltloser Achtung vor Allah.

Der Imam, ein älterer Herr mit weißem Bart, fragte mich eines Tages, es war mein dritter Besuch, wann ich denn nun Muslim werden wolle. Ich war wirklich erschüttert, denn daran hatte ich niemals gedacht. Aber

Ismail war sich genauso sicher: Einer, der Gott sucht, der es ernst meint, der wird auch irgendwann den Weg des Islam beschreiten. Da begegnete ich einer Glaubensgewißheit, einem universalen Anspruch, wie ich sie bisher nur in meiner eigenen Religion erlebt hatte.

Nun hatte ich den Islam, so gut es ging, studiert, wußte manches von seiner Gotteslehre und seiner Lebensgestaltung. Aber wie wenig hatte ich doch begriffen von den Menschen, die diesen "Weg des Friedens" (Islam) beschritten. Ich kannte den Islam wesentlich als gedachte Religion, mit diesen und jenen begreifbaren Vorschriften. Als gelebte, persönliche und tragfähige Frömmigkeit überraschte er mich. Ismail stellte meinen Zugang zu anderen Religionen - und damit schließlich auch das theologische Bedenken der eigenen - zutiefst in Frage. In der Freundschaft mit ihm, vielen, nicht immer leichten Gesprächen und als Gast beim Gebet in der Moschee lernte ich, daß Glaube vieldimensional ist: faszinierend für den Kopf - aber das ist eben nicht alles -, herausfordernd für die Hände, anregend für die Sinne und bewegend für das Herz. Nicht zu meinem Christsein, aber zu meiner persönlichen Christlichkeit gewann ich zunächst Distanz. Sie war bislang kopflastig gewesen, ich hatte mich mit den *Ideen* von Gott begnügt. Meine "theologische Existenz" war seit der Begegnung mit dem muslimischen Bruder nicht mehr selbstverständlich. Es wurde nötig, sie zu vertiefen.

So war ich ein wenig fremd geworden im eigenen Land, und das bedeutete vor allem, offen zu sein für die Erfahrungen anderer, für ihren christlichen oder nichtchristlichen Weg mit Gott. Zugleich sind mir in diesen besonderen Begegnungen mit Ismail elementare Glaubenswahrheiten in neuer Weise zur Heimat geworden: Gemeinsam bekennen wir Gott als den Schöpfer aller Menschen, gemeinsam staunen wir über Gottes Gnade. - Wie weit der liebende Gott geht, um den Menschen nahe zu sein, das habe ich in der Auseinandersetzung mit Ismail entdeckt; trauernd, daß er Jesus nicht so verstehen konnte, obschon er voller Achtung von ihm sprach.

Mit Ismail beschritt ich zum ersten Mal die Fremde einer anderen Religion, und ich beschloß, so oft und so gut das

möglich wäre, der Fremdheit nachzuspüren. Ich suchte nach neuen Erfahrungen.
Das vor allem — Neugier, Interesse an der Fremde — brachte mich dazu, in meiner Gemeinde auf Asylbewerber zuzugehen, die vor zwei Jahren etwa zu uns kamen. Bei den Jugoslawen und Rumänen fiel das recht leicht, sie waren bald integriert in unserer kleinen Stadt, zum Teil auch in der Gemeinde. Anders war es mit den Männern aus Indien. Die Singhs (d.h. "Löwen", so hießen sie alle mit Nach- bzw. Ehrennamen) waren Sikhs: stolze, selbstbewußte Männer, Angehörige einer jahrtausendealten Kultur, aufgewachsen in den Traditionen ihrer nicht minder stolzen Religion und ihres ausgeprägten Nationalbewußtseins. Es war bei den gemeinsamen Abenden, zu denen die Gemeinde einlud, bei den Besuchen in den Wohncontainern immer spürbar: Die Männer aus Indien fragten schon ab und an um Hilfe, zuerst aber wollten sie unseren Respekt. Einige zeigten großes Interesse an meiner Religion, besuchten den Gottesdienst und fragten nach. Bewegt hat mich immer wieder der verbindliche Handschlag (mit beiden Händen, fest meine Rechte umschließend), mit dem die Sikhs mir ihr Willkommen boten und den Abschied gaben.
Mehr noch als Ismail waren sie mir fremd - und doch eigentümlich nahe. Wir hatten, über die Unterschiede hinweg, einander etwas zu sagen, auch wenn wir uns oft genug, Englisch radebrechend, nicht ganz verstanden. Wir achteten einander und blieben uns geheimnisvoll.
Mit den Singhs begegnete mir in bisher nicht gekannter Weise eine alles Denken und Handeln prägende Tradition. Ismail war, auch wenn er tief in die Kultur des Islam einzutauchen suchte, Deutscher geblieben, das gegenseitige Verstehen war möglich. Die Verpflichtung auf ein Leben mit Gott verband die Singhs und mich, aber zuweilen fehlten ihnen einfach die Begriffe für meine Argumente und Anliegen, und ich blieb oft genug ratlos vor dem, was sie mir erklären wollten. So stand ich verdutzt vor der Tatsache, daß der eigene Glaube nicht ohne weiteres vermittelbar ist. Ein schweres Eingeständnis für einen, dessen Beruf es ist, den christlichen Glauben zu vermitteln.

Vor allem, was meine Rede von Gott anging, verunsicherten mich die Gäste aus Indien. Ich mußte lernen, daß nichts am christlichen Glauben fraglos ist. Wollte ich gehört werden von ihnen, dann mußte ich neu buchstabieren lernen, was Kreuz, Auferstehung, Heilige Schrift oder Gebet wohl meinen. Wie schon bei Ismail war ich gezwungen, zu meinen überkommenen Wahrheiten Distanz zu finden. Ich hatte das doch eigentlich Vertraute nicht mehr fest im Griff, es erhielt fremde Züge. Ich übte mich darin, es mit den Augen der Fremden zu sehen. Der Gott, den ich mit aller Demut zu kennen vermeinte und von dem ich sonntags und alltags sprach, er entzog sich mir und befremdete mich. Wenn er denn derselbe ist, mein Gott, mit dem die Sikhs so andere Erfahrungen machten, in ihren Meditationen und der Verehrung des Adi Granth, ihres Heiligen Buches - wieviel habe ich dann von ihm noch nicht gesehen? Gott selbst wurde mir fremd über der Begegnung mit den Fremden. Dieser Gedanke hat mich durchaus erschreckt. Bis ich, daraufhin etwas zaghaft die Bibel lesend, merkte, daß Gottes Fremdheit eine zentrale Wahrheit meines Glaubens ist.
Von der Fremdheit Gottes wissen Jesaja und Jeremia, die großen Propheten der Hebräischen Bibel, zu berichten. Es war eine schmerzliche Erfahrung für sie: Sie verstanden den Herrn nicht, der sie doch berufen hatte, zu dem sie in einem besonderem Verhältnis standen. Gott bleibt auch dem intim Verbundenen geheimnisvoll, selbst vor den Freunden verbirgt er sich. Er geht im menschlichen Begreifen nicht auf, tut "fremde Werke" (Jesaja), scheint nur ein unsteter "Fremdling" und "Durchwanderer" (Jeremia) zu sein. Gott ist nicht (er-)greifbar.
Da ist ein seltsames, spannendes Wechselspiel zwischen Fremdheit und Nähe: Gott, mitten in der Welt, Mensch unter Menschen als Jesus von Nazareth. Gott, uns näher als die Halsschlagader - das war Ismails Lieblingsvers aus dem Koran. Und doch fern, nicht mit Händen und Gedanken zu fassen. Vertraulich gegenwärtig und doch unbegriffen. In der Tiefe ging mir auf, was ich schon lange gewußt zu haben glaubte: Alle Rede von Gott ist vorläufig und erreicht ihn in seiner Fremdheit nicht.

Nahe ist er uns in lebendigen Erfahrungen, nicht in unseren Begriffen von ihm. Die Rede ist nötig, Nachdenken am Platz, aber es bleibt ein Tasten, ein Tappen nach Worten.
Und auch da, wo Gott selbst mit uns spricht, im Evangelium, wie wir sagen, ist die Botschaft wiederum nicht anheimelnd, nicht selbstverständlich und beschwichtigend. Sie ist kritisch, befremdend und befremdlich. Gott ruft heraus aus den festgefügten Überzeugungen, aus den starren Schemata des Handelns, aus den sicheren Urteilen über uns selbst und andere. Nur wer heraustritt, wer sich befremden läßt, hört recht.
In den Begegnungen mit den Menschen anderen Glaubens habe ich mein heimisches Christentum in Wahrheit nicht verlassen. Aber indem ich einen Schritt vor die Haustür tat, habe ich erst eine Ahnung von der Größe des Hausherrn bekommen, dem ich meine christliche Behausung verdanke. Dabei habe ich die christlichen Bekenntnisse gerade schätzen gelernt, tiefer als zuvor. Das Gebet mit Ismail in seiner Moschee machte mich aufmerksamer für die Traditionen christlicher Spiritualität. Wenn die Singhs von ihrem Buch sprachen, leuchtete mir die Heiligkeit des meinen auf. Wir gaben uns Anteil an unserem Leben mit dem einen Gott, dem "Schöpfer des Himmels und der Erden", dem "Allerbarmer" (Sure 1 im Koran). Die Einzigartigkeit Christi gewann Profil. Auf dem Weg durch die Fremde hat mein eigener Glaube neu an Bedeutung gewonnen. Aber dazu bedurfte es der Wanderung in fremden Gefilden.
Die Begegnungen mit Ismail und den Singhs haben mir das Tor in die Fremde aufgestoßen. In vielen Gesprächen ist mir das Vertraute fremd und Fremdes vertraut geworden, und durch die Fremdheit hindurch habe ich Wertvolles wiedergewonnen. Gott ist für manche Überraschung gut, die meine Zäune niederreißt und den kleinen Horizont erweitert. Nicht mehr ganz so sicher bin ich jetzt, wenn ich von ihm spreche, aber viel erwartungsvoller, ihm in und mit den Menschen um mich her zu begegnen.

Kerstin Eppinger

Der Schrei

Zuerst war alles wie ein Film, der einfach ablief, und ich schaute mir selbst zu: Wie ich mich erhob, mich vom Arzt verabschiedete, die Praxis verließ und auf die Straße trat. Die tosende Normalität, die mich umfing, schien meinem irren Gefühl "es ist nichts weiter geschehen" recht zu geben. Nichts weiter. Alles geht weiter wie bisher. Völlig normal.
"Machen Sie sich nicht zu viele Gedanken", sagte der Arzt, "es ist nur eine Möglichkeit. Leider noch nicht ganz auszuschließen. Bald wissen wir mehr. Aber beruhigen Sie sich, in den meisten Fällen ist es gutartig. Warum sollte es bei Ihnen anders sein?"
Na eben, warum sollte es anders sein? Ich fing innerlich an zu lachen. Dann lachte ich laut. Einfach hinweglachen über diese lächerliche Situation. Mal nachdenken, was ich heute tue! Wie lächerlich, an solch einem Tag darüber nachzudenken, was man tut. Tue ich doch sonst auch nicht. Es ist doch nichts Ungewöhnliches los heute. Nein, wirklich monströs dieser Gedanke. Ist doch alles normal.
"Machen Sie sich keine Gedanken" - der hat gut reden. Komm, komm, jetzt bloß kein Jähzornsanfall, der kann doch nichts dafür. Nicht darüber nachdenken - es sei denn, ich kann darüber lachen.
Die Begegnung mit dem Tod läßt Zeit zur Ewigkeit werden. Alles stirbt ab oder wird wesentlich. Leben verdichtet sich. Bewußtsein verändert sich.
Das ist es, dachte ich, zu Hause angekommen. Es geht gar nicht nur um den Tod. Ich muß mein Leben ändern. Eine Reifeprüfung, aus der ich vielleicht reifer hervorgehen werde. So kann ich es positiv angehen. Mein Leben ändern! Gerne! Ich habe dieses schäbige Leben

auf dem Lande satt. Diese Menschen in ihrer engen Welt. Sie sind Gefangene ihres Horizontes. Oder tue ich ihnen Unrecht? Vielleicht. Es ist gar nicht ihr Horizont, es ist ihre Angst, ihre innere Beziehungslosigkeit zu dem Wesentlichen, die sich äußerlich in Teilnahmslosigkeit, mangelnder Offenheit und ihrer Lieblosigkeit zeigt.
Überall Menschen - und doch niemand da - das ist tödlich! Meine Wut ist das einzige Mittel, hier zu überleben. Schon wieder dieses Thema. Aber ja, das ist es: Ich bin tot! Ich bin schon vor langer Zeit hier gestorben. Geblieben ist einzig ein äußeres Denkmal aus Fleisch und Blut, anzutreffen beim obligaten "Grüß Gott", beim Einkauf oder bei meiner stets zur Hilfsbereitschaft verpflichtenden Arbeit. Ich bin schon lange tot, das heißt, ich habe schon lange kein Leben mehr, das diesen Namen verdient. Daß irgendwann auch der Körper sterben will, ist nur konsequent. Warum ihn so einsam hier zurücklassen, wenn sonst schon alles fort ist?
Wenn nur die vielen Gefühle nicht wären. Gefühlsinfarkt. Auch daran soll man sterben können. Oder sind es umgekehrt die ersten und letzten Boten der Rettung? Weil meine Gefühle mir zeigen, daß noch Leben in mir ist oder etwas, was Leben heißen könnte?
Explosion der Gefühle, totale Infragestellung des alltäglichen Lebens bis zur Verneinung als "innere Revolution", als Chance für einen Wendepunkt. Neuanfang, Neu-Aufleben als Akt der Buße, Beschenktwerden mit neuem Leben. Rettung vor dem schleichenden Tod der Gefühlslosigkeit und seelischen Blutleere. Rettung vor dem Todesverhängnis, dem inneren Exitus, ein Ableben, das man gar nicht bemerkt. Kunstlose Form des Sterbens.
Ich gebe den Widerstand auf und nehme meine Gefühle an wie einen Freund aus längst vergangener Zeit.
Genau deswegen klappt es auch nicht mit diesen Rationalisierungen. "Du müßtest doch gelernt haben, mit dem Tod umzugehen." Zugegeben, ich war und bin in meinem Leben ständig umgeben von diesem Wechselspiel von Leben und Tod.
Die Erinnerungen an die Kreißsäle. Zeit des Wartens, Erwartung. Und dann Schreie. Schreiende Mütter,

Kampf um das Leben gegen den Tod? Das hat heute gute Aussichten, dank der modernen Technik. Schreiende Kinder, Schreie der Trauer um das verlorene Paradies im Mutterleib. Die Vertreibung aus dem Paradies. Abschied und Anfang.

Mein liebes Kind, diesen Vorgang hast du heute erlebt, das Gefühl der Trennung, die Vereinzelung des Menschen. Dieser Vorgang wird dich prägen, er wird sich immer wieder wiederholen. Noch weißt du es und bist ehrlich. Deshalb schreist du. Später wirst du es wahrscheinlich verdrängen, oder du nimmst deine Sehnsucht ernst und nimmst die Suche auf nach dem verlorenen Einssein mit dem Universum ...

Immer wieder der Schrei der Vereinzelung und der Trennung. Schrei der Geborenen wie der Sterbenden: Meine Mutter, mein Leben, mein Gott, warum hast Du mich verlassen? Loslassen, Sein-lassen, Sein-dürfen.

Der ewige Prozeß von Kampf in Wehen und Agonie, die enge Pforte, da mußt du durch. Es will dir den Atem nehmen, Lebensodem, erstickend, eine Höllenfahrt - der ausweglose hilflose Kampf, du muß es erdulden. Schreien an der Schwelle zwischen Leben und Tod. Und am Ende? Loslösung, Auflösung, Erlösung - Geborene und Gestorbene erblicken ein Licht ...

Neues Leben?

Dann habe ich mir vielleicht doch nicht nur etwas eingeredet oder gut zugeredet, wenn ich früher bei der Leichenpflege so ein Gefühl des Friedens und der Ruhe hatte.

Den Leichnam waschen - letzter Ritus und Initiation zum ewigen Leben? Die Augen zudrücken - die brauchst du jetzt nicht mehr, du siehst jetzt eh mehr als ich. Das Kinn festbinden und die Gliedmaßen ordnen. Jetzt ist alles in Ordnung. Der ewige Prozeß von Leben, Sterben und neuem Leben nimmt seinen geordneten Lauf.

So habe ich mich verabschiedet von meinen Toten. Manchen verlieh der Tod ungeahnte Würde: Arme Frau, einsam kamst du hierher in's Krankenhaus, völlig verwahrlost, keine Angehörigen; deine Agonie war schlimm. Aber du wirst das Krankenhaus nicht einsam verlassen. Du bist jetzt nicht mehr allein - jetzt ist es gut.

Das Dasein hat dich wieder. Jetzt ist wieder heil, was getrennt war. Trennung, Schrei, Wiedervereinigung. Heil, Schalom, Frieden.
Und *ich*? Ich kann mich an alles gewöhnen, sofern es nicht *mich* betrifft.
Es wird mir nichts anderes übrig bleiben, als zu den Orten meines eigenen Lebens zwischen Geburt und Tod zurückzukehren, um sie zum ersten Mal zu erkennen. Erst, wenn ich mich gefunden habe, werde ich sterben können.
Das größte Mißverständnis ist diese landläufige Annahme, die Hölle seien immer Krankheit, Leiden und Tod. Es gibt Höllenfahrten zwischen Leben und Tod, aber die wahre Hölle ist die Verdrängung, Verdrängung von Krankheit, Leid und Tod, Verdrängung des Negativen, die Leugnung der Ambivalenzen. Verdrängung, die zur inneren Beziehungslosigkeit führt, weil die Verdrängung den eigenen inneren und ehrlichen Dialog unterbindet. Diese Wort-Losigkeit der Verdrängung führt uns in ein seelisches Vakuum, das uns in der Welt noch einsamer macht, als wir es nach der Durchtrennung der Nabelschnur ohnehin schon sind. Ja, diese Verdrängung macht beziehungslos. Innerlich und äußerlich. Ohne Beziehung zu meinen Mitmenschen, ein nettes "Grüß Gott" ohne wahre Begegnung. Es hat kein wirklicher Kontakt stattgefunden. Überall Menschen - und doch niemand da - wie lächerlich. Tödlich.
Existieren ohne Beziehung zu mir selbst, ich gestatte mir selbst keine Schattenseiten (und damit auch meinen Mitmenschen nicht), muß zwangsläufig ein perfektes, heiles Abbild von mir konstruieren - und verfehle mich damit aufs Ganze. So ist kein Ansprechpartner da für den Dialog mit Gott. Grundsätzliches Getrenntsein, Gesondertsein, Sünde. Beziehungslosigkeit als nicht bemerktes Todesverhängnis. Man ist schon tot. Kein Leben, nur noch existieren, vegetieren.
Manchmal hat man Glück und man spürt noch etwas wie Schmerz - und der Schmerz wird zum Gebet: "Schrei es heraus, daß du noch etwas spürst!" Du bist in der Krise, an der Schwelle. Schrei - Schmerz und Chance. Ein Zeichen deiner Lebendigkeit und der Hartnäckigkeit Gottes,

dessen tosende, gleißende und atmende Kraftströme sich ihren Weg durch deinen Leichnam bahnen. Gott geht immer durch deinen Tod hindurch. Er schafft Leben aus dem Tode. Pulsierendes Leben dort, wo die Lähmungen waren, die Erstarrungen von Trennung und Beziehungslosigkeit. Schmerzlich und doch ekstatisch und unendlich schön. Etwas stirbt, und etwas wird geboren. Einatmen, ausatmen, durchatmen, Lebensodem. Du muß schreien, um neuen Atem erringen zu können, wie der Säugling und der an seinem Kreuz Sterbende, wie der Trauernde, der auf der Suche nach gelingenden menschlichen Beziehungen, auf der Suche ist nach Heilung der gekränkten Schöpfung, Heilung der Krebsgeschwüre unseres Lebens. Der Schrei als Anfang einer Reise, der Reise zur tieferen Annahme der Dunkelheiten - erst dann wird es hell werden und ich habe mich gefunden. Mich und Gott zur Einung mit dem Dasein: Dein Reich komme ...

Allmählich wird mir leichter um's Herz. Ich spüre, daß sich meine Gefühle nur verändern können, wenn ich sie bewußt und bejahend fühle - auch die dunklen. Ich spüre aus meinem Schmerz eine Kraft wachsen, die mir Ermutigung und Raum zum "Nach-Denken" gibt.

Das Gegenteil von Leben und Liebe ist gar nicht der Tod, habe ich gelesen. Das Gegenteil ist der Wille zur Macht. Das ist wahr. Über den Mächtigen hing das Todesverhängnis der Beziehungslosigkeit. Von den Ohnmächtigen, Gekreuzigten und Sterbenden ging das neue Leben aus. Unsere landläufigen Widersprüche stimmen bei näherem Hinsehen nicht mehr. Ich werde mein Leben danach befragen ...

Es gibt lebendige Leichname, so wie *ich* da in diesem Dorf, wie ein abzutrennender "Fremdkörper", der noch nicht beerdigt ist. Und daneben die vielen Sterbenden im Krankenhaus, die durch ihre Weisheit vom Tode und damit vom Leben die Zeitlichen segnen. Die Kunst zu sterben und etwas von sich sterben zu lassen als Vorbereitung auf das Leben und umgekehrt. Wer nur das Leben gewinnen will, wird auch das verlieren. Wer das Leben loslassen und seinlassen kann, wird es gewinnen. Kein Leben ohne Tod.

"Ich kann Sie beruhigen, es ist nicht bösartig", eröffnete mir der Arzt mit breitem, souveränem Lächeln. "Gell, das ist eine Erlösung!" Ich dachte bei mir: Erlösung ... ja ... Lösung wovon? Ich habe eine Lösung erfahren und gefunden. Aber ich bin nicht sicher, daß wir vom selben reden.
Als ich wieder auf die Straße trat, umgab mich wieder jene tosende Normalität. Aber heute waren meine Gefühle anders. Natürlich, die gute Nachricht des Arztes war eine ungeheure Erleichterung. Aber darüber hinaus hatte ich etwas gefunden, das immer wesentlich bleiben sollte, egal, wann ich sterbe. Etwas, was das persönliche Welt- und Selbstbild ganz neu erstehen läßt. Etwas, was die Angst vor dem Tode kleiner werden läßt und durch alle großen und kleinen Tode hindurch neue Lebensenergie spendet. Ich hatte eine entgrenzende Reise zu mir selbst und zu Gott gewagt, als ich anfing, Dunkles und Tödliches zuzulassen, eine Reise nach innen und außen. Ich hatte alles in Frage gestellt und alles neu gefunden. Ich war nicht mehr einsam. "Ich lebe jetzt und tue nur noch das, was mir wirklich wichtig ist", dachte ich, und ich lief zum Telefon hinüber, um meinen Mann anzurufen.
Schrei und Erlösung - oder: die Reise zu Gott und sich selbst. Wer sich der Vernichtung, dem Kreuz und dem Schmerz an der Schwelle aussetzt, begegnet dem Unvernichtbaren, der mystischen Erfahrung des Einsseins mit dem Dasein.
Plötzlich verändert sich die gewohnte Wahrnehmung. Alles erscheint in ein unwirkliches, helles Licht getaucht. Ströme von unerwarteter Wärme, Kraft und Heiterkeit durchfluten den Körper, von dem ich gleichzeitig seltsam gelöst bin. Mein Selbst schwebt in einem unendlich großen Bewußtseinskreis. Ich fühle mit einer nie gekannten Gewißheit, wie alle Dinge doch zusammengehören. Alles ist ein Ganzes, Heiles, Pulsierendes, Schmerzliches und Schönes. Dunkles und Heiteres - alles steht in Beziehung. Liebesbeziehungen. Ich spüre diese Liebe - ein unbeschreibliches Gefühl - und finde tiefe Beruhigung angesichts des Todes. Ich bin immer zu Hause. Geborgen ohne Leugnung des Negativen. Selig.

Peter W.

Anonymus Orkus

Lieber R., wie das alles zusammengeht, möchtest Du wissen: 31 Jahre alt, Pfarrvikar und HIV positiv im fortgeschrittenen Stadium. Und Du fragst mich, wo Gott in meinem Leben ist, wo ich Hoffnung in meinem Leben sehe. - Ich scheue mich zu sagen, Gott sei die Mitte von allem, was mich bewegt. Im Angesicht des Todes ist da erst einmal eine große Weite, die erfüllt und verloren ist. Und ich sehne mich oft nach Menschen, die in dieser großen Weite mit mir schweigen, weil es da kaum mehr etwas zu sagen gibt in diesem großen So! Ich weiß nur, daß diese Weite das Leben ist. Ob sie Gottes ist?
Nur soviel: Angesichts dieser Weite hoffe ich, fühle ich, daß irgendwo da draußen, da drüben, da vorne, irgendwo da ein Platz für mich ist, in einem anderen So, und daß dort alle mit mir ihren Platz finden werden. - Ich scheue mich zu sagen, Gott sei die Mitte von allem, was mich bewegt. Zumindest ist Gott eine Frage, eine Perspektive, inmitten von allem, was mich bewegt, vielleicht auch nur ein Nichts in allem, was mich bewegt, so ähnlich wie es bei Lao Tse heißt: "Dreißig Speichen treffen die Nabe, aber das Leere zwischen ihnen birgt das Wesen des Rades."
Aber das sind alles hehre, wolkige Worte, Verklärungen, keine Antworten. Vielleicht ist Gott die Antwort inmitten von allem, was mich bewegt. Egal, ob ja oder nein. Ich kann Dir von meiner Auseinandersetzung mit der Chimäre Gott erzählen, geprägt, gezeugt von dem, was mich bewegt. Aber dazu muß ich Dir meine Geschichte erzählen. Ich möchte Dir so gerne meine Geschichte erzählen. Ich sehne mich danach, mich mitzuteilen, verstanden zu werden, auch mit dieser meiner Schattenwahrheit, die ich vor der Gemeinde zurückhalte. Aber wie erzählen?

Ich habe vor einer ganzen Weile ein Tagebuch begonnen. Ich will Dir Teile daraus wiedergeben. Momentaufnahmen.

3.12.90
Steter Tropfen höhlt den ... - Angst essen Seele auf - Kaninchen starrt Schlange -
Teppichschwinden.
Kraft woher? Wozu?
Was sagt mein Gott?
Seine Fittiche sind nicht von dieser Welt.
Keine selige Mattigkeit weit und breit.
Und kein nach Hause, immer nur fremd.
Überfremdung - Wasserstandsmeldung meiner selbst.
Bruchwasser blickschlieren -
Taumelstirn.
Kein Meeresrauschen.
...
Angst vor dem Nicht-mehr-Können.
Angst vor dem Noch-Können und Nicht-Nutzen.
Angst vor Lähmung. Sehnsucht nach Lähmung.
Stille, Stille, "steh still, Welt!"
Über allen Wipfeln sei Ruh
und den Menschen ein Wohlgefallen.
...
So viel Chimären! Be. tot; Ba. bei 140 Helferzellen, AZT, Pentamidin, V., G. AZT, Pentamidin, zwischen 250 und 180, ich: Gewichtsverlust, nur noch 62 kg inklusive, LAS, endlos krank, müde, müde.
...
Ich bin verschnupft! ... mehr als: Erkältungskategorie!
Grundstimmung abschottender Enttäuschung.
Knitter- und Knäckerjammer.
Leidend, priviligiert.
Luxusopfer.
Schmalspurpieta und
das schamlose goldene Kalb vom eigenen Glück.
...
"hinter meinen Augen stehen Wasser, die muß ich alle weinen."

9.12.
H. tot. Der nächste: M. im Krankenhaus.

13.12.
Ich bin ein verlorenes Schaf, das sich nicht traut, verloren zu sein.

Momentaufnahmen. Wie hat alles angefangen? Herbst '84: Heftige Lymphknotenschwellungen, Taubeneier auf dem Hinterkopf, den ganzen Mundraum höllisch entzündet, down. In die Uni-Klinik zur Beobachtung. Verdacht auf AIDS, Leukämie und ...? Dort erst richtig krank, 41 Fieber. Nach einer Woche wieder heraus, ohne Befund. Dezember-Januar '85. Wieder diese geschwollenen Lymphknoten. Heftigst. Blutuntersuchungen im Januar. Befund unklar, evtl. HIV+. Wiederholung im März. Probe verlorengegangen. Anfang Mai definitiv: HIV+. Fassungslos. Getroffen. Mich hat ein Bus gerammt, und ich weiß nicht wo. Eine anonyme Information, die so gar nicht zu den letzten Jahren passen will, mit der ich nichts anfangen kann. Fassungslos! Ich erzähle es allen: zuerst, nach dem Telefonat (ich erfuhr es am Telefon) Markus, meinem Freund. Wir haben geweint. Ich erzähle es allen, um es selbst zu begreifen. Am nächsten Tag, Marcel, ein Freund. Nach Stunden: Er sitzt auf meinem Schoß und umarmt mich. "Hast du keine Angst? Wegen so'm Virus lasse ich mir meine Freundschaft zu dir nicht nehmen." Ähnlich waren die Reaktionen derer, denen ich es hernach erzählte: offen und zugewandt. Begriffen haben sie noch weniger als ich.
B., meine Ärztin, von Beruf auch Psychoanalytikerin, new-age-bewegt, brachte mir immer wieder die Frage aufs Tapet: Willst du vielleicht insgeheim den Löffel abgeben? Willst du tot sein (und implizit: Hast du dir den Virus gesucht)? Was sollte ich dazu sagen? - Ehrlicherweise! "Natürlich stehe ich auf der Seite des Lebens!" tönt meine brüskierte Entrüstung. Aber stimmt das? Denn wenn ich ehrlich bin und wenn ich mich umsehe (bis in die Bibel hinein by the way), dann weiß ich auch: Ich kann mir eine ganze Menge vormachen, mir in die Tasche lügen. Auch diese Antwort.

Was also antworten? Zu ihr ging ich nicht mehr hin. Aber ich kaute auf dieser Frage herum: "Will ich vielleicht gar nicht mehr leben?" Ich konnte zumindest beantworten, wo ich Angst vor dem Leben hatte und wo ich mich womöglich aus dieser Angst heraus dem Leben verweigerte:
Ich hatte Angst davor, dem Studium, dem Examen letztlich nicht gewachsen zu sein, es nicht zu packen. Ich hatte Angst, nicht in der Lage zu sein, auf eigenen Füßen zu stehen, mich von meiner eigenen Hände Arbeit zu ernähren. Ich hatte Angst vor dem Autofahren. Vielleicht lassen sich diese drei Ängste einfach zusammenfassen als Angst vor dem Erwachsenwerden.
Ich war Student der ev. Theologie in höherem Semester. Ich bewunderte alle, die irgendeinen Abschluß hatten. Sei es Friseur. Was war ich? Student! Würde ich dieses Studium, diese Ausbildung zu Ende bringen? Ich hatte meinen Lebensunterhalt immer von meinen Eltern bekommen. Nichts, um weit zu hopsen. Aber mit einem Ferienjob hier oder da ließ sich auskommen. Würde ich wirklich einmal ganz auf eigenen Füßen stehen können?
Ich hatte Angst vor dem Autofahren. Vorm Selberfahren. Und hatte immer angenommen, ich würde erst dann den Führerschein machen, wenn ich sehr gereift und erwachsen wäre (wenn überhaupt).
Und dann: Ich suchte und fand einen Job und verdiente mein eigenes Geld, machte den Führerschein, machte Examen. Ich packte meine Lebensängste an, in der Hoffnung, damit letztlich der Todesdrohung zu begegnen. Und wenn ich den Tod auch nicht "besiegen" sollte, so wollte ich doch von mir sagen können, daß ich mein Leben wirklich gelebt, mich der Aufgabe *Leben* gestellt habe.
Wenn Du mich offen fragst: "Wo war Gott?" - wenn er irgendwo war -, dann war er in der Offenheit und Konsequenz, mit der ich mir diese Fragen aufgetischt und sie beantwortet habe. Daß das Leben den Menschen betrügen kann und der Mensch das Leben, wußte ich schon vorher - das hat nichts an meinem Gottesverhältnis geändert. Nur am eigenen Leib fühlt es sich anders an. Das ist alles.

"Lehre uns bedenken, daß wir sterben müssen." Unser bißchen Zeit scheint uns ewig. "Einmal tot sein? Oh nein!", denke ich und: "Oh ja! Aber bitte lange, lange hin."
Zurück zur Geschichte. Ich erschreckte vor dem Gefühl, eine todesschwangere Auster zu sein, für andere den Tod in mir bergend. "Nein! Ich bin gekommen, das Leben zu bringen", die Antwort. Ich bin gekommen, das Leben zu bringen.
"'Laß diesen Kelch an mir vorübergehen!' Ich befehle mein Schicksal in Deine Hände, in die Hände des Lebens. Wenn es Dein Wille ist, auch dieses Ende, gib mir die Kraft und Mut und die Treue zu Dir, wer immer Du auch bist, Du 'ich bin, der ich bin'."
Während des Examens wieder heftige Lymphknotenschwellungen. Lesen unmöglich. Markus und ich zerdehnen Trennung. Ich bin ihm u.a. zu passiv, apathisch. Er ist mich leid. Ich bin verletzt und sehnsüchtig und wütend und oft mich selbst leid. Die Taubeneier und wandernden Herde, die schmerzhafte Entdeckung, daß es auf den Schienbeinen Lymphknoten gibt. Besserungen, aufklaren, unterbrochen von "typischen Phänomenen", so ging es weiter bis heute.
Inzwischen bin ich zu 60% schwerbehindert, nehme auch AZT und Pentamidin, wertependele zwischen 120 und 160 Helferzellen und durchkoste die verschiedenen Stufen der Stimmungsskala von himmelhoch jauchzend bis zu Tode betrübt, von "ich bin stark" bis "ich kann nicht mehr und würde am liebsten alles hinschmeißen". Manchmal ist es mir zuviel: Virus innen und Aufgaben und Erwartungen außen. Menschen zum Leben motivieren, wo es mir selbst so schwer fällt. Aber ich halte mich doch immer wieder tapfer auf Kurs.
Wo war Gott in dieser ganzen Zeit. In dem Gefühl: "Das Meer in mir ruft mich zum Meer?" In dem Gefühl: "Ich bin doch für die Liebe gemacht und aus der Liebe gemacht?" Und schon früher fühlte ich mich wie "die merkwürdige Nachricht von einem anderen Stern". Kunde von einer Frühe, die sich atmen läßt. Und schon früher hatte ich das Gefühl, ich säße zwischen vielen Stühlen in der Welt. Schwuler Theologe (und anderes,

was ich hier verschweige)! Und in der merkwürdigen Nachricht, die ich bin, ist mein Leiden ein Moment, ein So! Und manchmal spüre ich: Mein Leiden, mein Zwischen-Stühlen hat integrative Kraft, schafft Verbindungen, öffnet Kanäle (zumindest auch). Ich denke an Jesus. Mir graut, und ich bete um ein offenes Visier (und ängstlich um noch eine ganze Menge Leben).
Du fragst mich, wo Gott in meinem Leben ist, was soll ich sagen? Er ist einfach da. - Ich bin nicht immer da, das ist der Haken (die Sünde, das Kreuz)! Warum? Wieso? Ich weiß es nicht. So! Und ich bete darum, da zu sein, zu leben.
Ich bin leergeschrieben jetzt. So viel durchlebe und durchkoste ich, während ich Dir schreibe. Und nur ein Zipfel vom Eisberg ist bedeutet. Aber vielleicht spürst Du die große Weite hinter, inmitten dieses Erlebten, das Donnergrollen und die Weite danach, das Leere, wo sich die Speichen treffen und wo Gott wohnt. Vielleicht spürst Du das. Und das ist was, und das hat was, und das ist Gott.
Mehr kann ich Dir sowieso nicht sagen! Aber eins fällt mir noch dazu ein, was ich Dir sagen möchte: Ich bin auch von dem Virus Gott infiziert. Weiß Gott, wie ich dazu gekommen bin. Und ich hoffe und vertraue, daß dieser Virus besser, entscheidender ist als dieser Anonymus Orkus HIV+.

In Liebe

Peter

Annette Bohley

Den Tod einkreisen

"Was meinst du, wer von uns wohl als Nächster sterben wird?" fragte ich versonnen meinen Mann eines späten Nachmittags, nachdem er ein Bestattungsgespräch geführt hatte. Er sah mich ruhig an und sagte: "Das werden wir sehen, wenn es soweit ist."
Wir ahnten nicht, daß dieser Zeitpunkt schon fünf Stunden später eintreten sollte, als mein Mann, neben mir stehend, plötzlich und unerwartet bewußtlos zusammenbrach. Es folgten vier furchtbare Tage. Jedes Fünkchen Hoffnung ergriff ich, wie eine Ertrinkende einen Strohhalm ergreift - wissend, daß sein Leben nur noch künstlich aufrechterhalten wurde. Die Auskunft der Ärzte auf der Intensivstation war eindeutig. Ich war froh, daß sie mir die Wahrheit sagten, auch wenn mein Gefühl sich sträubte, diese Wahrheit anzunehmen. In dem Augenblick, als er zusammenbrach, durchzuckte es mich wild: Es ist die Katastrophe. Nichts wird mehr so sein, wie es einmal war. Von einer Sekunde auf die andere hatte sich mein Leben und das unserer Kinder tiefgreifend verändert. Den quälenden bangen Stunden folgte die furchtbare Gewißheit: Er lebt nicht mehr.
Seit diesem Ereignis wurde für mich die Zeitrechnung eine andere: Nicht die Jahre selbst zählen, das entscheidende Datum ist das seines Todes. Oft ertappe ich mich dabei, wenn ich denke oder sage: Dies war *vor* seinem Tod, jenes war *nach* seinem Tod.
Inzwischen sind fast vier Jahre vergangen. Ich lebe weiter. Ich habe immer mehr gelernt, mein Leben selbst in die Hand zu nehmen und zu akzeptieren, daß ich meine Kinder eigenverantwortlich auf ihrem Lebensweg begleite. Ich kann wieder lachen, mich freuen, habe Lust, nach vorne zu schauen und selbständig zu entscheiden. Ich

spüre, daß mich die neue Lebenssituation einerseits sensibler und angreifbarer gemacht hat, als ich vorher war, andererseits aber auch in bestimmten Situationen gelassener und widerstandsfähiger. Wenn mir damals jemand gesagt hätte, daß ich wieder Freude und Lust am Leben finden würde, ich hätte es nicht geglaubt, ich wäre vielleicht ärgerlich, auf jeden Fall aber noch trauriger geworden.

Was hat mir geholfen, mich auf diese Weise zu entwikkeln? Wodurch konnte sich die große Traurigkeit wandeln zu neu erwachendem Lebensmut? Nach dem Tod meines Mannes kamen auch einige Leute auf mich zu, die mir sagten: "Sie haben es gut. Sie haben ja ihren Glauben. Deshalb können Sie dies alles besser verkraften als andere." Mich hat solches Reden, das gut gemeint war, irritiert. Denn dahinter steht die Vorstellung, der Glauben wäre ein Schutzschild gegen die Unwägbarkeiten, gegen die Krisen des Lebens; als würde es für den, der glaubt, keine Ängste, keine abgrundtiefe Traurigkeit, keine Wut, keinen Schmerz, keinen Zweifel geben.

Ich glaube, das Allerwichtigste in den Tagen des Schocks und in den langen Monaten der Trauer war, daß mich meistens Menschen umgaben, die mich gewähren ließen, die versuchten, meinen so veränderten Zustand einfach mit auszuhalten. Ich mußte nicht "stark" sein, mußte nicht einem bestimmten Bild entsprechen, das darauf ausgerichtet ist, tapfer zu sein. Meinen seelischen Zustand brauchte ich nicht zu überspielen: Ich brauchte es den anderen nicht leichter zu machen, mit mir umzugehen, damit sie ihre eigene Hilflosigkeit angesichts des Todes nicht spüren. Denn Trauer macht hilflos. Auch die Umstehenden. Ich glaube, das ist das zusätzlich und besonders schlimm Belastende in Zeiten der Trauer: Wenn die anderen aus Angst vor ihrer eigenen Hilflosigkeit und aus Furcht vor der eigenen Auseinandersetzung mit dem Tod den Zustand des trauernden Menschen nicht akzeptieren, nicht mit aushalten wollen.

Dies kann sich ganz verschieden äußern: Viele Menschen machen einen Bogen um den Trauernden, lassen ihn in seiner Trauer allein, schützen vor, er wolle bestimmt seine Ruhe haben. Andere Menschen drängen den

Trauernden, endlich wieder "normal", also wie früher zu werden - und setzen ihn damit zusätzlich unter Druck. Auch gibt es Menschen, die Angst davor haben, Fehler zu machen, und dem Trauernden auch noch die Aufgabe zumuten, aktiv zu werden und sie im Umgang mit ihm anzuleiten. Wieder andere fällen für den Trauernden Entscheidungen in der Absicht, ihm etwas Gutes zu tun, ohne ihn jedoch nach seinen Wünschen und Bedürfnissen gefragt zu haben. Auch fromme Sprüche, von anderen noch so gut gemeint, helfen nicht weiter.

In schweren seelischen Zeiten, in Krisen, in Umbruchsituationen ist jeder von uns auf Menschen angewiesen, die sich einfühlen können, die nicht drängen, sondern geduldig sind, die sich selbst treu bleiben und gleichermaßen bei dem sind, der sie braucht. Der trauernde Mensch ist darauf angewiesen, daß andere auf ihn zukommen, denn er hat selbst nicht die Kraft, auf andere zuzugehen.

Wie zu Zeiten heftigen Verliebtseins habe ich mich auch in der Trauer neu, anders als gewöhnlich, erlebt. In beiden Situationen tun sich Abgründe auf, die vorher nicht erspürt, nur wenig erahnt werden konnten. Das grundsätzlich Verschiedene zwischen beiden seelischen Zuständen ist jedoch, daß man in der Trauer so wie noch nie auf sich selbst zurückgeworfen ist. Beim Verliebtsein läuft das Herz über vor Glück - denn die eigenen Sehnsüchte können "anlanden" bei dem geliebten Menschen. In der tiefen Trauer läuft das Herz über vor Schmerz - die Sehnsucht nach dem anderen, dem Geliebten, bleibt unerfüllt, ungestillt. Der andere Mensch, der ein Teil der eigenen Lebensgeschichte war, der das eigene Leben so sehr bereichert hat durch seine Art sich mitzuteilen, zärtlich zu sein, herauszufordern, zu inspirieren und verläßlich zu sein - er fehlt unwiederbringlich. Dieser Schmerz bleibt, aber er verliert an Schärfe im Lauf der Zeit.

Es waren für mich also in erster Linie Menschen, deren Nähe es mir möglich machte, meine Trauer auszuleben und dadurch deren heilende Kräfte zu erfahren. Was schon seit langem mein tiefer Glaube war, daß Gott vor allem durch Menschen handelt, das hat sich in meinem eigenen Leben bestätigt.

Und Gott wirkt noch anders: ganz direkt durch sein Wort. Vor allem waren es einige Klagepsalmen, die mich ganz unmittelbar ansprachen. Sie drückten auf eine unnachahmliche Weise mein seelisches Empfinden aus, spiegelten meinen Zustand wider. Es war ungeheuer entlastend für mich, die ich mich doch selbst kaum wiedererkannte, zu lesen: Da ging es einem Menschen auch einmal so wie dir, daß er nur noch sagen kann: Das Wasser steht mir bis zum Hals (69,2). Meine Seele ist übervoll an Leiden, und mein Leben ist dem Tod nahe (88,4). Der Satz im Glaubensbekenntnis: "... hinabgestiegen in das Reich des Todes", den ich in all den Jahren zuvor mehr achtlos gesprochen hatte, dieser Satz ist ein großer Trost für mich geworden. Die Mütter und Väter des Glaubens haben es wunderbar einfach und eindeutig formuliert: Gott ist der Herr nicht nur über uns Lebende, sondern genauso über unsere Toten. Der Tod bleibt, aber er ist eingekreist vom Leben.

Das Wort von der "letzten Ruhe" und von der "Heimat bei Gott", bekam für mich einen neuen Klang. Was ich selbst während Traueransprachen oft gesagt hatte, das war nun für mich selbst gesprochen. Seitdem wiegen solche Worte für mich viel schwerer, und ich merke, daß ich sorgsamer mit ihnen umgehe als früher.

Als Pfarrerin, als Pfarrer sind wir nicht davor gefeit, hilflos zu sein. Und hin und wieder flüchten wir uns in eine eigenartige Vollmundigkeit von wahren, aber nichtssagenden Worten, die unsere Hilflosigkeit überspielen sollen. Das geschieht wohl vor allem dann, wenn wir uns nicht tief genug mit der Geschichte des verstorbenen Menschen befaßt oder uns nicht intensiv genug mit dem eigenen Glauben angesichts des Todes auseinandergesetzt haben. Es ist glücklicherweise keine Vorbedingung, aber es kann so sein, daß das eigene schwere Erleben empfindsamer machen kann für das schwere Schicksal anderer.

Durch den plötzlichen Tod des geliebten Menschen ist mir noch tiefer bewußt geworden, wie endlich und einmalig gleichermaßen das Leben ist - wie sehr das Leben ein kostbares Geschenk ist, mit dem wir sorgsam umgehen, es nicht der Beliebigkeit preisgeben sollen und mit

dem wir andere bereichern können. Was bleibt, ist wirklich nicht, wie ein Mensch Karriere gemacht hat oder zu Geld und Besitz gekommen ist. Was bleibt, ist, wie er sich zu Lebzeiten geöffnet hat, wie er für die anderen da war, wie er am eigenen Leben teilgegeben und am Leben anderer Anteil genommen hat, wie er sich eingesetzt hat nicht nur für die eigenen Belange, sondern auch für die anderer Menschen.
Und das macht die, die weiterleben, dankbar und froh - trotz des Schmerzes über den Tod.

Stefan Claaß

Wohin des Wegs?

Wir haben eine Tochter bekommen. Wer unser neues Leben in Augenschein nimmt, dem könnte auffallen, daß nicht nur dieses kleine Mädchen neugeboren ist. Ähnlich fühlen wir uns als Eltern, wenn auch mit einigen gravierenden Unterschieden. Wir lernen uns selbst neu kennen, während wir beobachten, mit welcher Unmittelbarkeit sie an ihr Leben herangeht. Besonders fasziniert mich ihr absolutes Erleben des Augenblicks: Wenn sie Hunger hat, dann gibt es kein Interesse nebenher und keine Ablenkung, wenn sie zufrieden ist, dann strahlt uns die Gelassenheit aus allen Poren entgegen, und wenn sie schläft, dann kann sie nichts aus dieser Ruhe bringen. Manchmal stehe ich vor ihrem Körbchen und beneide sie ein bißchen um diese Begabung, im Jetzt zu leben.
An anderen (und an mir selbst) fällt mir viel intensiver als früher auf, wie sehr wir in Ereignissen der Vergangenheit und der Zukunft leben und wie wenig es uns gelingt, den gegenwärtigen Moment wahrzunehmen und zu schätzen. Und zwar nicht auf pessimistische oder zynische Art zu schätzen - nach dem Motto: Laß uns essen und trinken, denn morgen sind wir tot ...
Die Art, wie wir die Gegenwart erleben, entscheidet sich daran, wie wir die Zukunft sehen. So hat sich die Frage, auf welcher Hoffnung unser Denken, Fühlen und Tun beruht, zu meiner grundsätzlichen Lebensfrage entwickelt.
Ich erinnere mich an einen Vortrag von Carl Friedrich von Weizsäcker im Hamburger AudiMax während meines Studiums - ich glaube es war 1983. Er sei sicher, hörten wir, daß innerhalb der kommenden fünf Jahre der endgültige Krieg ausbrechen werde. (Wir überlegten, ob es sich wohl noch lohne, fürs Examen zu lernen ...) Die

damaligen Befürchtungen haben sich zwar nicht erfüllt, aber es gibt genügend andere Szenarien, um das "pessimistische Modell" aufrechtzuerhalten. Weil es keine Zukunft gibt, wird die Gegenwart wichtig.
Angesichts dieses pessimistischen Modells fühle ich mich an Max Frischs Frage erinnert: "Hoffen Sie angesichts der Weltlage: a) auf die Vernunft?, b) auf ein Wunder?, c) daß es weitergeht wie bisher?" A) und b) gehören für mich aufgrund historischer Erfahrung in den Bereich der Utopie, c) scheidet aus, wenn ich auf die Mehrzahl der Menschen dieser Erde schaue. "Können Sie ohne Hoffnung denken?", möchte Max Frisch weiter wissen. Ich muß diese Frage für mich verneinen, wenn mein Denken - und konsequenterweise das Handeln - einen Sinn für meine weitere Existenz haben soll.
Eine Hoffnung, die zum Leben hilft, kann meines Erachtens nur so beschaffen sein, daß sie nicht auf Angst als Antrieb basiert. Nicht selten treffe ich auf Menschen, denen - aus ganz unterschiedlichen Gründen - die Angst als Motiv der Zukunftsausrichtung gemeinsam ist: Moderne Pessimisten und traditionelle Prediger des Gottesgerichts finden sich auf derselben Party ein. Was den einen die Angst vor der menschlich herbeigeführten Katastrophe, ist den anderen die Angst vor dem göttlichen Gericht am Ende. So groß die Unterschiede auch sonst sein mögen, die Angst ist als Motiv beiden vertraut. Dabei unterstützen erstere jedoch häufig eher die Verdrängung von Wahrnehmung, als daß sie die erhoffte Veränderung von Wirklichkeit fördern. Und über letzteren schwebt das Verdikt des Religionsphilosophen N. Berdjajew. Er nannte die Rede von Gottes endzeitlichem Belohnen und Strafen "die abscheulichste Moralität aller Zeiten", weil wir Gott damit einfältiger Pädagogik zeihen und unterstellen, Furcht vor Strafe oder Lust auf Lohn könne gottgewollter Lebensantrieb sein.
Eine ganz andere Party veranstalten jene, die ihren Hoffnungsanker so weit außerhalb unserer Lebenswirklichkeit auswerfen, daß wir kaum noch seine Haltekraft spüren oder sehen können. Ich meine solche Zeitgenossen, die von derartig unendlicher Güte und Barmherzigkeit Gottes erzählen, von unzerstörbarer gemeinsamer Zukunft, daß

die Gnade fast schon wie ein Schwamm erscheint, der mit Schmunzeln über unser Leben gewischt wird. Dagegen spricht nun aber die biblische Rede vom Richten Gottes - sie ist zwar keinesfalls Ausgangspunkt oder Motiv meines Glaubens, doch warnt sie davor, unser gegenwärtiges Leben in seinen offenen Chancen und Konsequenzen nicht ernst zu nehmen.
Weder Angstimpuls noch billige Gnade lassen mich also in einer Hoffnung ankern, die sowohl zum Leben als auch zum Sterben taugt. Ich muß demnach anderswo suchen, um in der Gegenwart Anlaß zu Hoffnung zu finden, die mich mit Gelassenheit in die Zukunft führt.
Auf meiner Suche gehe ich einen ersten Schritt und gebe es auf, Gott immer erst ein wenig später begegnen zu wollen: womöglich erst nach meinem Tod. Schließlich hören wir bei jeder Taufe das Versprechen Jesu: "Ich bin bei euch" - und zwar nicht erst am Ende der Welt, sondern "alle Tage bis zur Vollendung der Zeit".
Alle Tage, also auch und zuerst heute. Und dieses "Heute" scheint nicht nur ein Klecks im Gemälde der Ewigkeit zu sein, sondern doch schon ein bedeutender Pinselstrich - schreibt doch Paulus vom Heute, es sei der "Tag des Heils".
Seit einiger Zeit habe ich für mich eine Denk- und Redeform gefunden, die mir mehr als alle bisherigen hilft, das Heute zu achten und zuletzt hoffnungsfroh in die Zukunft zu gehen:
Wenn ich einsehe, daß jeder Moment meines Lebens einmalig und unwiederholbar gelebt wird, und wenn ich glaube, daß die bedeutendste Begegnung mit Gott die jeweils unmittelbar bevorstehende ist, dann gewinnt schon ein Atemholen einzigartige Kostbarkeit. Nichts, was vergangen ist, kann jemals wiederholt oder geändert werden; jede Erfahrung und alles Erleben geht so und nicht anders in meine und - was noch bedeutsamer ist - in Gottes Erinnerung ein. Gottes Erinnern umfaßt mein gesamtes Leben, wie es Augenblick für Augenblick sich entwickelt und verändert hat.
Solches Erzählen vom Erinnern Gottes wehrt dem Eindruck, über die Einzelheiten unseres Lebens würde der Schwamm billiger Gnade gewischt. Andererseits malt es

eben nicht einen angsteinflößenden, buchhalterischen Gott an die Wand, der alle Details für die große Abrechnung notiert. Denn die Erinnerung ist etwas grundsätzlich anderes als ein Rechnungsbuch: Sie ist lebendig, sie ist persönlich, und sie fließt schon jetzt in die ihr zugrundeliegende Beziehung ein. So erfahren alle unsere Lebensmomente im Moment ihres Vergehens ihre angemessene Einschätzung durch Gott.

Ich wäre vermessen, darüber zu spekulieren, woran sich solche Einschätzung orientieren könnte, wenn nicht Jesus uns einen Anhaltspunkt geliefert hätte: Matthäus zitiert ihn im 11. Kapitel mit den Worten: "Selig ist, wer nicht Anstoß nimmt an mir" - wörtlich übersetzt: "... wer mich nicht als Skandal empfindet". Ein knapper Satz, der viele andere Sätze des Neuen Testaments einbegreift: Wie es um uns bestellt ist, entscheidet sich an unserem Einlassen auf Jesus Christus.

So interpretiere ich die Rede vom Erinnern Gottes als ein Wahrnehmen unseres Lebens, nicht um am Ende die Rechnung zu präsentieren, sondern um zu bewahren (und vielleicht wieder ins Weltspiel zu bringen), was gut daran gewesen ist - anders gesagt: was nach dem Geist Christi gelebt worden ist -, und zu verbannen, was dem Geist Christi zuwiderlief. Selbst ein jähes Ende unserer Erde könnte nicht all das auslöschen und bedeutungslos machen, was bisher gelebt worden ist. (Gewiß, die "Erinnerung Gottes" ist keine biblische Wendung, aber sie hilft mir, das dortige Reden von der Rechenschaft zusammenbringen mit der gleichfalls beschriebenen Freude über die Liebe Gottes zu seiner Schöpfung.)

Ich schrieb weiter oben, ich suchte eine Hoffnung, die mich mit Gelassenheit in die Zukunft führen kann. Das Wort "Gelassenheit" bedeutet mir dabei sehr viel. Meister Eckehart hat es geprägt als "Eingelassensein auf Gott".

Ich verstehe es als Hinweis auf eine Haltung, die sich aus und mit den richtigen Prioritäten im Leben entwickelt. Solche Gelassenheit hat eine Perspektive über mein individuelles Leben hinaus, sonst stünde die Achtung vor dem Heute allzu sehr in der Gefahr des eingangs erwähnten zukunftslosen Konsumierens, wie auch

Paulus an die Korinther schreibt: "Wenn die Toten nicht auferstehen, dann laßt uns essen und trinken, denn morgen sind wir tot!"
Dieses Zitat führt mich nun noch einen Schritt weiter: Von der Hoffnung und der mit ihr verwobenen Gelassenheit hin zum Inhalt des Hoffens: zur Auferstehung ins wahre Leben. Was ist das: Auferstehung? Und wie leben Auferstandene? Das ist die alte Frage der Sadduzäer in Markus 12. Bis heute habe ich keine nachvollziehbarere Antwort gefunden als die Jesu, wonach die Auferstandenen sein werden wie die Engel im Himmel. Engel - ein Wort aus der kirchlichen Geheimsprache?
Im November vergangenen Jahres mußten wir das rasche Sterben einer liebgewonnenen Freundin miterleben. Befreundete, traurige Menschen kamen an ihr Bett mit Blumen und Saft, mit Bildern, Gedichten und Musik. Wir kamen, betrübt von der Nachricht, einen nahen Menschen zu verlieren. Was uns zu trösten vermochte, war ihre Gelassenheit hinter allen Ängsten und das Spüren, daß die Hoffnungsbilder ihres Lebens auch jetzt noch trugen und lebendig blieben. Wir gingen von ihr mit der Empfindung, einander Engel geworden zu sein: Boten des Lebens.
Für manche mag es eine Frage der poetischen Ader sein, jedenfalls gibt es auch moderne Menschen, die sich gerade von Engelworten und -bildern beflügeln lassen, Gottnähe zu beschreiben. Denn das ist das unübersetzbare Grundmerkmal der Engel, daß ich nicht von ihnen sprechen kann, ohne zugleich von Gott zu erzählen. Sie haben ihr Wesen, ihre Identität, ihre Wirklichkeit gefunden in lebendiger Verbundenheit mit Gott.
Wenn ich dann die Frage "Was wird aus uns?" ausdehne über unseren Tod hinaus, dann finde ich in der Antwort Jesu die Aussicht, mit Gott in Verbindung zu bleiben. Mehr kann eigentlich kein Mensch erwarten; und wenn mich jemand fragt, was ich mir für unsere Tochter am meisten wünsche, dann ist es genau das: mit Gott (und hoffentlich mit uns) in Verbindung zu bleiben ... In seine Erinnerung sind jedenfalls schon fünf schöne, anstrengende und schlafarme, aber köstliche Wochen eingegangen.

Christel Gottwals

Und der Himmel öffnet sich

Fast immer, wenn sie mich gerufen haben, durchfuhr es mich. Wo ich gerade war - ich hatte Angst, wenn sie meinen Namen riefen. Alle meine Geheimnisse schossen mir durch den Kopf - meine Überlebensgeheimnisse. Es gab einige. Welche konnten sie entdeckt haben?
Abends vor dem Einschlafen mußte ich noch einmal Rechenschaft ablegen - diesmal vor dem Unsichtbaren, den sie mir als "GOTT" vorgestellt hatten. "Er weiß alles", hatten sie mir gesagt. Also berichtete ich ihm vor dem Einschlafen, was er schon wußte - auch die Geheimnisse. Was sie nicht bedacht hatten: Er wurde zum Mitwisser, ja fast zum Freund.
"GOTT" - hatten sie damals gesagt, und schon blähte sich jener große, mächtige Unsichtbare über mir auf, der in allem perfekt war - eben das Gegenteil von mir selbst, mächtig, allwissend und überall. "Gott" - sage ich heute, aber es bläht sich nichts mehr auf. "Gott" - sage ich und meine durchaus auch: "ohnmächtig und bestimmt nicht überall." Daß ich so von Gott rede, macht ihn keineswegs geringer - im Gegenteil. So von Gott zu reden, bedeutet mir letzte Tiefe, Lebensnerv. Mein ganzes Herz hängt an diesem Gott, von dem ich sagen muß, daß er durchaus auch ohnmächtig ist und bestimmt nicht überall.
In einer Zeit, in der ich glaubte, nichts mehr verlieren zu können, fragte ich unnachgiebig und kritisch nach Gott. Ich kämpfte mit dem aufgeblähten Unsichtbaren. Ganz frühe Lebensaugenblicke, in denen mir ein ganz anderer Gott sehr nahe zu kommen schien, brachten sich in Erinnerung. Mit erstaunlicher Kraft traten sie an gegen Jahre voller Angst und Zermürbung. "Gott" - hatte doch auch ein Onkel gesagt und mich schützend in seine Arme ge-

nommen, um mich vor Strafe zu bewahren. "Gott" - hatte auch meine Großmutter gesagt, kurz vor ihrem frühen Tod. "Gott" hatte sie gesagt und ich hörte: "unsagbar gutes Zuhause". Weitere Augenblicke gab es, über die ich jetzt nichts sagen will als dies: Den Hauch einer lebendigen Kraft ließen sie ahnen, die über alles hinausführte, über alle Angst und Zermürbung, über Gewalt, Schmerz und Verlorenheit.

Deshalb fragte ich weiter, kämpfte mich durch trockenste Denkwege, staubige Buchstaben und spröde, manchmal spitzfindigste Begriffswelten. Auf dem Wege dieser Auseinandersetzung sind mir viele begegnet. Manche von ihnen nannten sich Lehrerinnen und Lehrer, aber nur wenige waren es wirklich. Manche beantworteten eine tote Formel mit einer zweiten, weil sie es nicht aushalten wollten (oder konnten), selbst nicht weiter zu wissen. Andere zogen sich zurück auf einen, der es angeblich besser wissen mußte. Aber es gab auch Weggefährtinnen und Weggefährten im gemeinsamen Fragen, Menschen aus vergangener und gegenwärtiger Zeit.

Ich hörte auf Menschen der Bibel, ließ mich auf ihre Lebenssituation ein und deren Deutung. Ich staunte, wie zum Beispiel Jakobs Leben auch mit meinem zu tun hatte, wie Frauen und Männer des Alten und Neuen Testaments mir vom Leben erzählten, wie auch ich es kannte.

Wie konnten sich unsere Wirklichkeiten berühren? Ich durfte nicht Betrachterin von außen bleiben, mußte hineinkommen in diese Lebenswelt, mich von ihnen befragen und herausfordern lassen, mich mit meiner ganzen Existenz stellen. So wurden mir überraschend lebendige Erfahrungen zuteil, Aha-Erlebnisse, auch viel schmerzliches Sehen. Aber ich wollte auch den Schmerz zulassen. Mir war wichtig, mit dem umzugehen, was wirklich war und ist.

Jakob erzählte mir, daß er zu Hause einmal sehr glücklich gewesen ist. Niemals hätte Jakob gedacht, daß das gute Leben zu Hause plötzlich ein Ende haben könnte. Aber dann, von einem Tag auf den andern, gab es für ihn kein Zuhause mehr. Das interessiert mich brennend. Es hat mit mir zu tun. So frage ich Jakob: "Wo war denn euer Gott, als du Fehler gemacht hattest, als du herausgeworfen wurdest aus deinem warmen Nest?" Jakob antwortet: "Ich war sicher, er hätte sich von mir abgewandt. Was will ein gerechter, guter Gott mit einem Betrüger wie mir? So dachte ich noch, als ich nachts auf freiem Feld lag, mit dem Kopf auf einem Stein und mit einem schweren Herzen." - "Ach, wie gut", sage ich zu Jakob, "wie gut, daß auch so einer wie du das einmal erlebt hat, wie es ist, ganz draußen zu sein, ganz herausgefallen aus allem, was einen so halten kann." - "Ja", sagt Jakob, "bis dahin habe ich nicht gewußt, wie allein man doch sein kann, wie verloren. Aber denk' nur: Gott war noch da! Niemals hätte ich damit gerechnet, was dort in dieser Nacht geschah. Mit brennenden Augen und meinem schweren Herzen war ich eingeschlafen, als Gott plötzlich über mir seinen Himmel auftat. Niemals habe ich Gott so nahe erlebt wie dort, gerade an dieser Stelle in der Nacht auf dem Feld. Ich hatte ihn nicht mühsam suchen müssen, mußte nicht Abbitte tun, nichts erklären - nur hören und sehen, mich einlassen auf das, was geschah. Ich hörte ihn sprechen. Er versprach, mich zu schützen, zu segnen und mit mir zu sein. Durch und durch ließ er mich spüren, daß er einfach für mich da war." — Ich schweige, höre Jakobs Worten nach. Ein Gott, der von sich aus Nähe schenkt an einem Ort und zu einer Zeit, wo alles verloren scheint; ein Gott, der einen aus dem Dunkel holt, ganz überraschend, der Mut macht zum Weiterleben, zum nächsten Schritt. Auf so einen Gott könnte ich mich womöglich einlassen. "Aber", wende ich ein, "hat er denn keine Bedingungen gestellt, nicht wenigstens die Erwartung geäußert, daß du dein Versagen bereust?" Deutlich höre ich Jakobs "Nein". "Nein, er hat mir einfach seine Nähe geschenkt. Und in dieser Nähe, da klärt sich alles. Mir war völlig klar, was ich für einer war - und es tat mir weh, was geschehen war. Aber er hat es nie gefordert. Seine Nähe hat er mir angeboten. Und als ich mich ihm öffnete, zuließ, daß er da war und mich begleitete, da wurde alles klar, wie von selbst. Es geschieht einfach, wie selbstverständlich, und du mußt keine großen Worte darüber machen, wenn dir nicht danach ist. Es geschieht in deinem Herzen - es tut

weh und gut zugleich. Gott weiß es und du weißt es - und das ist genug."
"Aber", rufe ich ihm nach, "war nicht am Ende alles nur ein Traum?" Jakob winkt ab. "Haben dir nicht auch schon deine Träume die Wahrheit über dich erzählt? Ich sage dir, manchmal sind sie mehr Wahrheit, als du im Wachsein erleben kannst. Im übrigen - du hast mich nach Gott gefragt. Du hast gesagt, daß du nichts zu verlieren hättest und wissen wolltest, wie ich Gott erfahren habe. Ich sage dir: Dort in dieser Nacht auf dem Feld, da war Gott. Der Himmel ist offen. Gott kommt zu bestimmten Zeiten an bestimmte Orte. Dann ist die Frage, ob auch du offen bist."
Ich öffnete mich - ich hörte ...
Viele Menschen hörte ich Orte und Zeiten benennen, an denen Gott anwesend war. In ganz besonderer Weise sagten sie es auch in der Begegnung mit dem einfachen Nazarener, der Jesus hieß. Wie oft kam da Gott, unerwartet, nicht durch Bußgebete aktiviert - einfach so, durch die Liebe dieses Jesus hindurch kam er, öffnete seinen Himmel über Herausgefallenen: Kranken vor den Stadttoren, Außenseitern, die sich selbst keine Chancen mehr ausrechneten, weil andere ihnen keine Chance mehr gaben.
Da und dort ahnte plötzlich einer den Gott *neben* sich, den er vor Augenblicken noch drohend *über* sich meinte.
Jakob und andere von damals und heute haben mir diesen Gott vor Augen gemalt, haben mich verlockt und ermutigt, mich auf dessen Bewegung einzulassen. Das habe ich gewagt und möchte es immer wieder wagen. Erfahren habe ich so, wie Gott noch heute über Menschen seinen Himmel öffnen kann.
Einmal geschah es spätabends mitten auf der Straße. Ich sah wieder in das ewig angespannte Gesicht des Mannes - in dieses Gesicht, das ich nun schon über ein Jahr lang so kannte, abweisend und bitter. Und während ich noch hinsah, löste es sich plötzlich aus der Verkrampfung, wurde offen und frei. Ein ehrliches Lächeln kam mir entgegen. Ich staunte. Vor einiger Zeit erst hatte er mir unmißverständlich klargemacht, daß wir bestimmt nichts gemein hätten.

Aber in diesem Moment, dort auf der Straße, da schien sich plötzlich ein dicker Knoten zu lösen - einfach so, fast im Vorübergehen. Wir gingen ein Stück die Straße hinunter und einen Feldweg entlang. Wie selbstverständlich erzählte er nun von schmerzlichen Erfahrungen, von Menschen, die ihm so wichtig waren und die ihn doch alleine gelassen hatten. Ganz offen sprach er über eigene Schuld. Raum und Zeit waren gefüllt mit befreienden Tränen, völligem Vertrauen und selbstverständlicher Menschlichkeit. Gott hatte seinen Himmel über uns geöffnet.

Ein andermal geschah es am Bett einer sterbenden Frau. "Schon viele Stunden ist sie nicht mehr bei Bewußtsein", so hatten sie mir gesagt. An ihrem Bett hielt ich ihre Hand und sprach langsam und eher leise bekannte Psalmworte. Plötzlich zuckte ihre Hand, und sie öffnete ihre Augen. Ihr Mund formte mühsam Worte. Nah über sie gebeugt verstand ich sie endlich. "Großer Gott, wir loben dich ...", brachte sie schließlich heraus. Jetzt verstand ich und sprach für sie den ersten Vers des bekannten Lobliedes. Noch nicht ganz beendet hatte ich ihn, als zittrige Töne aus ihrer Kehle kamen. Ich verstand. Zu singen begann ich, obgleich mir das normalerweise etwas peinlich gewesen wäre. Hier war es plötzlich das Selbstverständlichste der Welt. Hier, an diesem Ort, wo alles verloren schien, das Leben nur noch einen Hauch vom Tod entfernt, da öffnete dieser so ganz andere Gott über uns seinen Himmel.

In diesem Moment können Menschen frei werden anzunehmen, was ist, und sich einlassen auf diese Bewegung, die in sich immer die Botschaft trägt: Es gibt ein DARÜBERHINAUS. Laß dich ganz auf mich ein. Dann kann ich mich auch an dir als treuer Weggefährte erweisen.

Für diesen Gott möchte ich offen bleiben, ihn nicht hindern, ihn kommen lassen bis zum letzten Augenblick, den ich auf dieser Erde atmen kann. Dann möchte ich mich darauf verlassen, daß er wiederum zu mir kommt und mir seinen Himmel öffnet.

Vorstellung der Autorinnen und Autoren

Reinhold Bernhardt, Dr.theol, geb. 1957, seit 1991 Studienleiter am Ökumenischen Institut und Studentenwohnheim der Universität Heidelberg; verheiratet, zwei Töchter.
Grenzgänger zwischen akademischer Theologie und kirchlicher Praxis. Von 1986 bis 1989 Wissenschaftlicher Mitarbeiter am Ökumenischen Institut der Universität Heidelberg, danach Vikariat in Bad Schwalbach / Hessen. Publikationen zu den Themen: Der Absolutheitsanspruch des Christentums, Theologie der Religionen, aber auch Versuche in theologischer Belletristik.

Annette Bohley, geb. 1951, seit 10 Jahren Gemeindepfarrerin in Magdeburg; verwitwet, zwei Kinder.
Aufgewachsen mit drei Geschwistern in einem eher unkonventionellen Elternhaus, christlich und gesellschaftskritisch geprägt durch die Erziehung, die Gemeinde und den Freundeskreis. Nach dem Abitur ein Jahr pflegerische Hilfskraft, Theologiestudium in Berlin und Naumburg.

Stefan Claaß, geb. 1961, Pfarrer in Mainz.
Theologisch inspiriert durch die Auseinandersetzung mit der Prozeßtheologie, besonders bei einem einjährigen USA-Aufenthalt. Geprägt durch Dietrich Ritschl (Heidelberg) und Schubert Ogden (Dallas). Arbeit an einer Dissertation über Ogden. Lebensthema: Hoffnung, die den Erfahrungen angemessen und zeitgenössisch glaubwürdig ist.

Fanny Dethloff-Schimmer, geb. 1959, seit zwei Jahren Seelsorgerin für Altenpflegerinnen in der Fortbildungsstelle des Diakonischen Werkes in Hamburg (DFA); verheiratet, zwei Kinder.
"Unkirchlich" sozialisiert, seit der Konfirmandenzeit tätig in der politisch aktiven Kirchengemeinde Schalom in Norderstedt. Fünf Jahre Mitarbeit in einem autonomen Frauenhaus. Anderthalb Jahre im Nordelbischen Amt für Öffentlichkeitsdienst; dort vier Jahre

lang Seelsorgerin für "Sieben Wochen ohne" (Ev. Fastenaktion). Mitglied der Projektgruppe Glaubensinformation seit 1986. Ab August 1993 halbe Pfarrstelle in Hamburg-Langenhorn.

Kerstin Eppinger, geb. 1962, Pfarrvikarin beim Dekanat Stuttgart mit den Interessenschwerpunkten Erwachsenenbildung und Seelsorge an jungen Erwachsenen.
Aufgewachsen in einem atheistischen Elternhaus - Vater in der Industrie - mit vielen Ortswechseln. Sozialwissenschaftliches Gymnasium mit Ausbildung und späterer Tätigkeit als Schwesternhelferin beim DRK. Das Fragen nach letzten erfahrbaren "Rückbindungen" und fruchtbaren "Grenzgängen" im säkularen Alltag, verbunden mit der Suche nach einer weltoffenen Spiritualität, die eine authentische Sprache findet, ist für mich bestimmend.

Christel Gottwals, geb. 1956, Regionalmentorin am Theologischen Seminar in Friedberg (Hessen).
Lebt damit und dafür, mit beiden Beinen ganz auf der Erde vom Himmel zu reden; hat hierfür viele Gründe, furchtbare und wunderbare; setzt auf das DARÜBERHINAUS Gottes, der sich auf dieser Erde so elementar zur Sprache gebracht hat.

Thies Gundlach, Dr.theol, geb. 1956, Pastor in Hamburg.
Geboren in einer typisch postchristlichen Familie (nicht einmal Weihnachten Kirchgang, aber Taufe und Konfirmation der Kinder!); Zugang zum christlichen Glauben über das Studium in Hamburg und Tübingen. Über lange Jahre Chormitglied in St. Katharinen, Hamburg. Unbelastet von frühkindlichen Glaubensprägungen konnte ein "postmoderner", d.h. frei wählender Zugang zur christlichen Tradition gefunden werden, der sich im Alltag eines Großstadtgemeindepastors bisher bewährte.

Hans-Georg Hentschel, geb. 1956, seit Herbst 1992 Pfarrer in Marburg-Wehrda.
Vorher 10 Jahre lang Pfarrer in dem kleinen nordhessischen Städtchen Rosenthal.
Aufgewachsen in einem dörflichen Pfarrhaus. Beobachtet mit großem Bedauern den Kulturverlust, den das fortgesetzte Sterben der Landwirtschaft in den ländlichen Gebieten bedeutet. Sieht eine der Hauptaufgaben der Kirche darin, den Kontakt zu den Kindern und den Jugendlichen nicht zu verlieren.

Gabriele Herbst, geb. 1946, Pfarrerin im Neubaugebiet Magdeburg Nord; verheiratet, zwei Kinder.

Habe gern als Pfarrerin in der DDR gearbeitet. Sehne die DDR keineswegs zurück und habe doch Umstellungsschwierigkeiten in der Kirchenlandschaft der Nachwendezeit. Arbeite aktiv seit zwei Jahren in einem ökumenischen Ausländerkreis mit. Mache seit vier Jahren mit Lust politisches und kirchliches Kabarett mit Jugendlichen aus dem Neubaugebiet. In der Gemeindearbeit setze ich Prioritäten in der Seelsorgearbeit.

Ralf Hoburg, Dr.theol., geb. 1960, seit Dezember 1992 Gemeindepfarrer am Herforder Münster.
Die Stationen meines Weges über das Vikariat in einem Kurort und die einjährige Arbeit als Pastor in der Erwachsenenbildung haben meine Sicht von Gemeindetheologie geprägt.

Rainer Holl, geb. 1941, Pfarrer in Mindelheim (Allgäu).
Immer wieder Gemeindepfarrer, dazwischen Religionslehrer am Gymnasium und Pfarrer beim Bundesgrenzschutz. Aufgewachsen im katholischen Niederbayern in einer mäßig kirchlichen Familie. Durch ev. Jugendarbeit und kritischen Religionsunterricht für den christlichen Glauben erwärmt, durch persönliche Erfahrungen und Begegnungen mit anderen Christen weitergekommen.

Matthias Hoof, geb. 1958, seit 1989 Gemeindepfarrer in Blankenstein/Ruhr.
Aufgewachsen im pietistisch-reformierten Siegerland. Die Entdekkung der ökumenischen Dimension von Glauben und Kirche hat für die Gemeindearbeit ebenso neue Perspektiven eröffnet wie die Beschäftigung mit psychologischer Literatur.

Friedemann Jung, geb. 1952, Pfarrer und Kabarettist in Fürth.
Aus dem freikirchlich-pietistischen Milieu gekommen, ihm entwachsen, in der Weite der Volkskirche viel Enge erlebt, im esoterischen Nirwana kein Zuhause. Pfarramtliche Frustation wird kabarettistisch-kreativ verarbeitet - oder als Magenschmerz. Trotzdem (deshalb?) wenige Alternativen zum Beruf - hat ja nichts Ordentliches gelernt.

Axel-Werner Köckert, geb. 1953, seit Juli 1992 Pfarrer in der Paul-Gerhardt-Gemeinde Karlsruhe; verheiratet, zwei Töchter.
Kirchliches Elternhaus. Rechtzeitig vor dem Abitur von der Naturwissenschaft (Chemie) zur Theologie hinübergeschwenkt. Wichtigste theologische Impulse durch die Predigtarbeit und die Beschäftigung mit der Kirchengeschichte (Martin Luther, 20. Jahrhundert).

Barbara Kündiger, geb. 1961, derzeit erziehungsbeurlaubte Theologin, wohnhaft in Ahorn-Hohenstadt (Baden).
In der Landwirtschaft aufgewachsen als Kind eher kirchenkritischer Eltern. Glaubwürdig wurde Kirche als "Kirche für andere" in den späteren Jugendjahren durch die Mitarbeit im Ev. Jugendwerk Heidelberg, zu dessen Aufgaben u.a. die Betreuung von behinderten Kindern und Nichtseßhaften gehörte.

Joachim Kunstmann, geb. 1961, seit drei Jahren auf der ersten Pfarrstelle in Fürstenfeldbruck (nahe München).
Sohn kirchengebundener Eltern, traditionelle christliche Erziehung. Theologiestudium mit starkem Interesse für theologische Randbereiche, so die Ketzergeschichte und die Beziehung der Theologie zu anderen Erfahrungsbereichen (Naturwissenschaft, Psychologie, Soziologie). In Kürze Beginn einer Promotion zur Zukunft der Volkskirche in einer veränderten Gesellschaft ("Christentum in der Postmoderne").

Matthias Schlicht, Dr.theol., geb. 1961, Pastor in Bardowick (bei Lüneburg).
Abgeschreckt von Kirche durch Konfirmandenunterricht, wieder interessiert durch Jugendkreis und Kirchentag. Theologiestudium in Hamburg, Praktikum in der Gefängnisseelsorge, Vikariat in Nienburg und im Kloster Loccum, Praktikum auf St. Pauli. 1992 Promotion über Martin Luther.

Peter W., geb. 1961, Pfarrer in Rhein-Main.
Obwohl aus gänzlich kirchenfremden Hause mit 17 Jahren um der Liebe willen ins Studium der Theologie und mir dabei viel Zeit gelassen, das Leben mannigfaltig durchkostet. Nun der Liebe wegen im 10. Jahr HIV+. Schließlich nach Theorie und Pause die Praxis gewagt und doch noch immer ein Lernender und Suchender, der hofft, daß andere von seinem Weg profitieren.

Thomas Weiß, geb. 1961, Pfarrer in Kandern (Südbaden); mit einer Religionspädagogin verheiratet und Vater eines Kindes.
Einer evangelikalen Jugendarbeit entwachsen, eröffnete das Studium neue Perspektiven auf Glauben und Leben. Ökumenische Begegnungen und die Missionswissenschaft ließen Mission und Ökumene zum Schwerpunkt der theologischen und gemeindlichen Arbeit werden.